그림과 영상으로 떠나는

나름이의 모험 가득 한자 여행 2

그림과 영상으로 떠나는

나름이의 모험 가득 한자 여행 2

도망치는 한자를 쫓아 어둠 속으로

이근애 글, 그림

팜파스

지난 이야기

한자가 너무 어려워서

"한자가 다 사라져 버리면 좋겠어!"라고 외친

나름이.

그 순간 한자들이 정말로 사라져 버린다!

한자들을 돌아오게 하기 위해

나름이는 한자의 요정 그림이와 함께

한자 속에 숨겨진 이야기들을 하나씩 발견하며

모험을 시작한다.

푸른 나무 마을 할아버지가 남긴 수수께끼 같은 말,

"모든 것을 되돌릴 너만의 씨앗 한자를 찾아야 한다."

과연 나름이는

자신만의 씨앗 한자를 찾을 수 있을까?

나름이

모험 가득 한자 여행의 주인공
사라진 한자의 주문을 풀고
모든 것을 원래대로 되돌리기 위해
자신의 씨앗 한자를 찾고 있다.

그림이

한자 나라의 요정
나름이가 한자 여행을 하는 동안
친절하게 한자를 알려 준다.
어두운 곳을 무서워한다.

정체불명의 친구

어디서 왔는지, 어디로 가는지
알 수 없고 모든 것이 아리송하다.

심흑인간

어두운 동굴에서
반짝이는 보석을
캐는 것이 목적인
사람들

붉은수염

심흑의 동굴에서 만난 아저씨.
키가 무척 크고 힘이 세다.

적마촌 사람들

지친 나름이와 그림이가
해질녘에 만난 마을 사람들

차례

6 출발! 서쪽으로

7 노을빛 마을의 노래

8 긴 여행의 작은 쉼표

9 함께 즐기고 담으며

10 새벽을 담은 새로운 여행

步
走
奔
冥
空
光

1

도망치는 글자를 쫓아

씨앗 한자의 실마리

"이제 어디로 갈 거야?"

그림이가 물었다.

나름이는 대답 대신 풀밭에 벌렁 드러누웠다.

"나도 모르겠어!"

하늘을 올려다보니 구름 한 점 없이 맑았다. 나름이는 한숨을 쉬듯 중얼거렸다.

"구름이 없으니까… 하늘도 무슨 말을 하는지 모르겠네."

용감하게 여행을 떠나왔지만, 정작 어디로 가야 할지 막막했다. 혹시 헛걸음만 하는 건 아닐까? 씨앗 한자를 찾지 못하면 다시 돌아갈 수 없는 걸까?

그때 그림이가 해를 향해 손을 뻗으며 말했다.

"저기 봐! 구름은 없지만, 우리가 한자 나라에 올 때 봤던 해, **날 일 日**이 떠 있어!"

나름이는 조용히 하얀 햇살을 바라보았다. 그동안 겪었던 일들이 머릿속을 스쳐 지나갔다.

씨앗 한자.

그것은 나름이의 세계에서 사라진 한자들을 되찾고, 원래 있던 곳으로 돌아갈 수 있는 유일한 열쇠였다.

하지만 아무리 찾아도 자신의 씨앗 한자는 보이지 않았다.

"마음이 이끄는 곳으로 가 보렴."

할아버지의 말이 머릿속을 맴돌았지만, 무슨 뜻인지 아리송하기만 했다.

"어떻게 마음이 일러 준다는 거지? 마음을 꺼내서 볼 수도 없는데…."

나름이가 중얼거리는 순간,

휙!

어디선가 작고 검은 무언가가 빠르게 지나갔다!

明
日
月
山
林
木
行
畓
田
水
中
休
長
老
青
佳
鳥
集
봄의 씨앗
學
父
母
兄
子
夢
黃
青
赤
白
黑
天
太
大
人
家
火
炎
四五六七八九十
花
씨앗의식
一二三
高
男
女
內
米

"그림아! 저기 좀 봐!"

나름이가 벌떡 일어났다.

풀숲 아래서 작은 친구가 꾸물꾸물 움직이고 있었다.

"누구 말이야?"

그림이가 돌아보았다.

"엇…? 나도 한자 나라에서 저런 친구는 처음 보는데?"

"뭐? 한자의 요정이 한자 나라에서 처음 보는 친구라고?"

나름이의 눈이 반짝였다.

"혹시 나처럼 다른 세계에서 온 친구는 아닐까?"

가슴이 두근거리기 시작했다.

"그림아, 따라가 보자!"

나름이는 단숨에 앞으로 뛰어갔다.

이 작은 친구를 따라가면 씨앗 한자에 대해 알게 될지도 몰라!

도망치는 글자

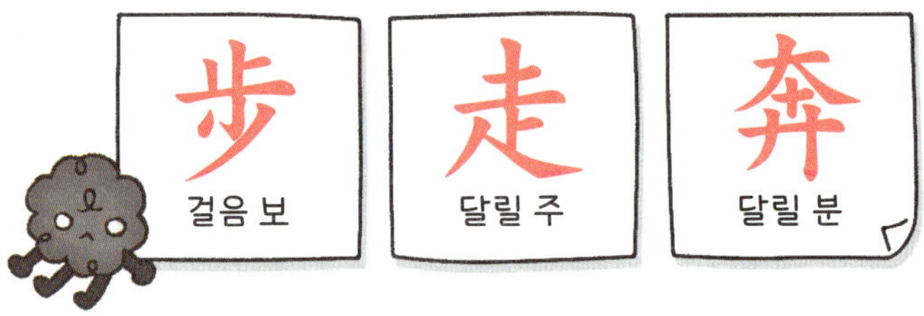

나름이는 작은 친구를 가만히 바라보았다. 고불고불한 모습이 꼭 장난삼아 끄적인 낙서와 비슷해 보였다.

"어디로 가고 있는 걸까?"

작은 친구는 멍한 표정으로 꾸물꾸물 앞으로 나아가고 있었다. 그 모습이 어쩐지 재미있고 우스웠다. 작은 친구가 남긴 발자국은 흔들거리더니 서서히 한 글자로 떠올랐다.

"어? 저 친구의 발자국이 움직이며 글자가 되고 있어!"

그림이는 나름이를 돌아보며 말했다.

"그래! 저건 발자국 두 개가 합쳐져 만들어진 글자야. **걸음 보**

步!"

나름이가 고개를 끄덕이며 작은 목소리로 대답했다.

"정말이네! 발자국 두 개가 나란히 있는 모습이 걸음의 글자가 된 거구나!"

나름이가 좀 더 가까이서 보려고 다가가자, 작은 친구는 깜짝 놀란 듯 작은 팔을 쏙 내밀었다. 그러더니 두 팔을 앞뒤로 흔들며 훨씬 빠르게 걷기 시작했다!

"휙휙—!"

작은 친구가 바쁘게 움직이자 발자국이 또 다른 글자를 만들었다.

"저것 봐! 이번엔 또 다른 글자가 나왔어!"

나름이가 외치자 그림이가 조용히 대답했다.

"저건… 바쁘게 걷는 모습과 발자국 하나가

모여 만들어진 글자야. 달릴 주 走!"

나름이는 신이 나서 외쳤다.

"그럼 우리도 달려서 쫓아가 보자!"

작은 친구는 두 친구의 목소리를 들었는지 갑자기 발을 더 빠르게 구르기 시작했다!

텁텁텁텁텁!

아까보다 훨씬 빠르게 달리니 발자국도 점점 더 많아졌다.

그 순간, 발자국 세 개가 달리는 모습과 합쳐져 또 다른 글자가 떠

올랐다.

나름이가 뭔가 알겠다는 듯 말했다.

"뜻은 모르겠지만… 저건 분명 아까의 달릴 주 走보다 더 빠른 한자일 것 같아."

그림이가 고개를 끄덕였다.

"맞아! 저건 달릴 분 奔! 나도 저 글자가 이렇게 빨리 달릴 줄은 몰랐어!"

작은 친구는 두 사람을 신경 쓰지 않은 듯 더 빠르게 달렸다!

그리고 길 끝에 닿아 있는 커다란 동굴 속으로 쏙 사라져 버렸다.

나름이는 숨을 몰아쉬며 동굴을 바라보았다.

"저 작은 친구는 대체 누구일까?"

나름이의 가슴이 두근거리기 시작했다.

이 동굴 속에 혹시 무슨 비밀이 숨어 있는 건 아닐까?

걸음걸이의 한자들
영상으로 다시보기
步
걸음 보

走
달릴 주
奔
달릴 분

어둠 속으로 사라진 길

穴	空	冥
구멍 혈	빌 공	어두울 명

나름이와 그림이는 동굴 가까이 다가가 주위를 살폈다.

커다랗고 어두운 동굴 입구 위로 길게 늘어진 넝쿨들이 마치 한 글자를 이루고 있는 듯했다.

"저기 글자가 숨어 있는 것 같아!"

나름이가 손을 뻗어 넝쿨을 가리켰다.

그림이도 주위를 살펴보더니 말했다.

"맞아. 저건 **구멍 혈 穴** 자야!"

나름이는 조심스럽게 동굴 안으로 들어섰다.

"안녕하세요? 안에 누구 계세요?"

텅 빈 동굴에는 나름이의 목소리만 휑하니 울려 퍼질 뿐이었다.

동굴 안쪽을 살피던 나름이는 긴 막대기가 꽂혀 있는 커다란 돌을 발견했다.

"이건 어디에 쓰는 걸까?"

나름이가 궁금해하며 돌이 꽂혀 있는 막대기를 이리저리 살펴보자 그림이가 말했다.

"그건 흙을 다지는 연장이야. 땅을 단단하게 만들 때 사용하는 거지. 이 도구의 모양에서 **장인 공 工** 자가 나왔어."

"이걸로 땅을 다진다고?"

나름이는 힘껏 연장을 들어 올려 땅에 내리쳐 보았다.

쿵!

무거운 연장이 땅을 치자 주위의 흙이 움푹 파였다.

"이렇게 땅을 눌러서 비어 있는 공간을 만드는 거구나!"

나름이가 알았다는 듯 소리치자, 동굴 입구를 덮고 있던 **구멍 혈 穴** 자와 방금 사용한 **장인 공 工** 글자가 서로 만나더니 비어 있다는 뜻의 **빌 공 空**이 되었다.

"저것 봐! 글자가 떠올라!"

나름이는 깜짝 놀라며 소리쳤다.

"글자가 딱 이 비어 있는 동굴 모양 같아!"

나름이는 동굴을 둘러보며 소리쳤다. 그리고 무언가 떠오른 듯 빙긋이 웃으며 말했다.

"그 작은 친구… 동굴 안쪽으로 사라졌지? 그림아! 우리 저 안쪽으로 가 보자!"

하지만 그림이는 고개를 저었다.

"이 동굴 안쪽은 으스스한데… 왠지 가고 싶지 않아."

"하지만 이곳 어딘가에 내 씨앗 한자가 있을지도 몰라! 머뭇거릴 시간이 없어!"

나름이는 힘을 주어 말하며 **빌 공 空** 자가 떠오른 어두운 동굴

비어 있는 동굴의 글자
영상으로 다시 보기

안쪽으로 성큼성큼 걸어갔다.

"나름아, 같이 가!"

그림이도 하는 수 없이 나름이를 따라 달려갔다. 동굴 안으로 깊이 들어갈수록 어둠은 점점 짙어졌다. 나름이는 팔을 뻗어 벽을 더듬으며 조심스럽게 걸었다.

"그림아, 어디 있어? 따라오고 있는 거지?"

"나 여기 있어! 근데… 너무 어두워서 아무것도 보이지 않아!"

두 친구는 손을 더듬으며 나가는 길을 찾았다.

그때 멀리서 어둑어둑한 글자가 어른거렸다.

"저기 봐! 글자가 보여!"

나름이가 허우적거리며 손을 내밀었다.

그것은 어둠 속에서 움직이는 두 손, 동굴 벽과 더듬는 모습, 그리고 서로를 부르는 입이 만들어 낸 글자였다.

어두울 명 冥!

"이 글자는 **어두울 명 冥** 자야!"

"그래? 우리 저 글자를 따라가 보자!"

나름이와 그림이는 **어두울 명 冥** 자가 나타난 방향으로 걸음을 옮겼다.

하지만 이상했다.

어둠 속에서 글자를 만든
나름이 영상으로 다시 보기

걸으면 걸을수록 어둠은 더욱더 깊어지더니 아무것도 보이지 않게 되어 버렸다.

"**어두울 명 冥** 자를 따라오지 말 걸 그랬나 봐… 너무 깜깜해서 앞이 전혀 안 보여!"

어두운 동굴 속에서 나름이와 그림이는 한 발짝 앞도 볼 수 없었다. 나름이와 그림이는 어둠 속에서 길을 찾을 수 있을까?

빛을 따라간 아이들

깜깜한 어둠 속에서 작은 빛이 반짝였다. 나름이는 눈을 크게 뜨고 그 빛을 바라보았다.

“저기! 저기 빛이 보여!”

빛은 천천히 다가오고 있었다. 나름이와 그림이가 빛을 가만히 들여다보니, 그 안에 찾고 있던 그 친구가 있었다.

“어? 저건… 지금껏 우리가 찾던 친구야!”

작은 친구는 머리에 무언가를 이고 있었다. 나름이가 눈을 반짝이며 외쳤다.

“저 친구 머리 위에서 빛이 나고 있어!”

그림이가 고개를 끄덕이며 말했다.

“불 화 火를 머리 위로 들어 빛을 비추는 글자, 빛 광 光이야!”

“우리 저 친구를 따라가 보자!”

나름이와 그림이는 신이 나서 빛 광 光을 좇아갔다. 그 빛을 따라가다 보니 마침내 동굴을 빠져나갈 수 있는 문이 나타났다.

빛을 밝히는 티끌이의 글자
영상으로 다시 보기

"저기 봐! 문이 있어!"

나름이와 그림이는 신이 나서 서로를 바라보며 웃었다.

"**빛 광 光**자 덕분에 길을 찾을 수 있었어!"

"그래! 글자에 이런 힘이 있다니!"

동굴을 빠져나온 둘은 눈부신 빛을 받으며 앞으로 나아갔다.

步
走
발자국이 걸음걸이의 한자가 되고 있어!
달리는 모습도 글자가 되는데?
빛을 두 손으로 들고 있는 모습의 글자다! 쫓아가 보자.
光

穴
넝쿨 모습과 연장으로
땅을 다져 비어 있는 모습이
글자로 떠오르는군!
空
奔
冥
그림아, 어디 있어?
어둠 속에서 더듬더듬
손으로 찾으며
입으로 부르는 모습이
글자가 되었어.

한자와 함께 놀아 보자

나름이가 만난 여섯 개의 한자를 찾아 알맞은 글 상자 안에 넣어 주세요.

걸음 보	달릴 주	달릴 분

빌 공	어두울 명	빛 광

한자 따라 쓰기 1

나름이가 만난 여섯 개의 한자를 소리 내어 읽으면서 예쁘게 써 보세요.

걸음 보 步

달릴 주 走

달릴 분 奔

빌 공 空

어두울 명 冥

빛 광 光

2

찬바람 속 작은 쉼터

겨울이 만드는 글자

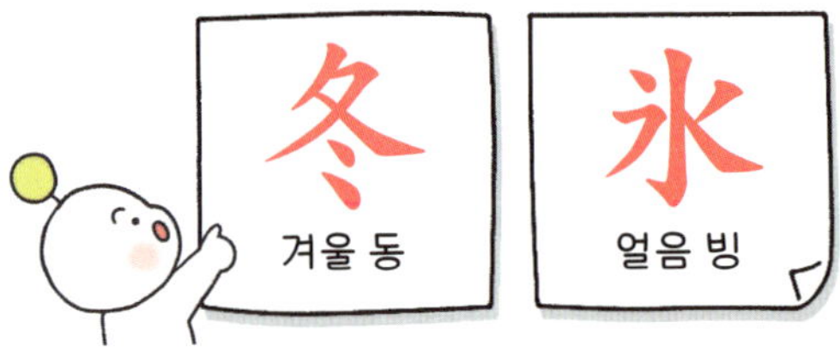

나름이와 그림이는 동굴을 빠져나왔다. 하지만 함께했던 작은 친구는 어느새 사라지고 없었다.

"어? 어디 갔지?"

주위를 두리번거리던 나름이가 무언가를 발견했다.

"앗! 여기 봐! 발자국이 있어!"

작은 친구가 남긴 듯한 발자국이 저 멀리 숲속까지 이어져 있었다.

"이 발자국을 따라가 보자!"

나름이와 그림이는 신이 나서 발자국을 따라갔다. 그런데 왠인지 갈수록 공기가 점점 차가워지는 듯했다.

갑자기 거센 바람이 휘몰아치더니 나뭇잎들이 우수수 떨어졌다. 커다란 나무에는 단 두 개의 잎만 남아 있었다.

"이상하다… 꼭 겨울이 온 것 같아."

나름이는 추위에 몸을 웅크리며 말했다.

그림이가 남은 잎들을 가리키며 말했다.

"그러고 보니 저기 잎 두 개가 가지에 간신히 붙어 있는 모습에서 곧 **겨울 동 冬** 글자가 나올 것 같아!"

그 순간, 겨울바람에 흔들리던 두 개의 잎이 살랑이며 **겨울 동 冬** 글자가 되었다.

찬바람은 계속해서 불었고, 나무 옆 냇가의 물이 점점 얼어붙기 시작했다.

"저것 봐! 냇물이 얼고 있어!"

나름이가 손가락으로 냇가를 가리키며 말했다.

"조금 전까지는 물이 흘렀는데, 이제는 얼음 조각들이 둥둥 떠 있네."

나름이는 얼어가는 강을 바라보며 말했다.

그림이도 고개를 끄덕이며 맞장구쳤다.

"봐봐! 물결 모양의 **물 수 水** 글자 위로 얼음 조각이 붙으면서 **얼음 빙 氷** 글자가 됐어!"

겨울을 담은 한자들
영상으로 다시 보기

나름이는 조심스럽게 손을 내밀어 **얼음 빙 氷**을 집어 들었다. 차가운 얼음 조각이 손끝을 스쳤다.

"우와… 글자에 이렇게 계절이 담겨 있구나!"

추운 겨울을 담은 글자들이 마치 그림처럼 느껴졌다.

작은 발자국이 이끄는 길에는 또 어떤 글자들이 기다리고 있을까?

추위 속에서 만난 집

날이 점점 어두워지자, 나름이와 그림이는 몸을 움츠리며 찬바람을 피할 곳을 찾았다. 그러다 길가에 허름한 집 하나를 발견했다. 집은 텅 비어 있었고, 아무도 살지 않은 지 오래된 듯했다.

"저기서 잠시 바람을 피하자."

두 친구는 조심스럽게 집 안으로 들어갔다. 하지만 이상하게도 바깥보다 더 싸늘한 기운이 감돌았다.

바닥엔 얼음이 꽁꽁 얼어 있었고, 구석에는 풀이 듬성듬성 자라 있었다. 그림이는 몸을 부르르 떨며 중얼거렸다.

"이곳… 왠지 찰 한 寒의 집 같은데?"

차가운 집의 한자
영상으로 다시 보기

그 순간, 나름이의 몸도 덜덜 떨렸다. 추위를 피해 들어왔는데 오히려 더 추운 곳이라니!

그때 나름이의 떨고 있는 모습, 얼어붙은 풀, 그리고 지붕 모양이 하나의 글자로 떠올랐다.

"혹시 지금 떠오르는 한자가… 찰 한 寒인 거야?"

나름이는 손을 비비며 말했다.

차가운 공기에서 떠오른 이 글자가 마치 추위 속에서 짓궂은 장난을 치는 것 같았다.

잠들기 전에

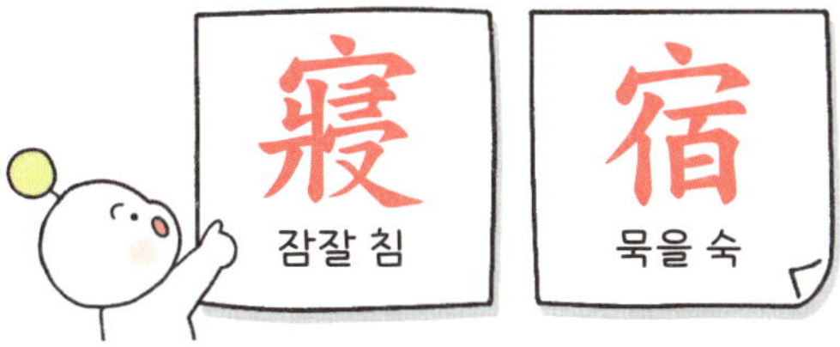

"이렇게 떨고만 있지 말고 뭐라도 해야겠어!"

나름이는 정신을 가다듬고 몸을 움직였다.

"이 집을 치우면 조금 나아질 거야."

나름이는 빗자루를 찾아 들고 먼지가 가득한 바닥을 쓸기 시작했다. 그림이도 어지럽게 널려 있던 짐들을 함께 정리했다. 조금씩 치워 나가자, 집 안은 처음보다 한결 따뜻한 느낌이 들었다.

"이렇게 정리하니까, 아직 춥긴 해도 여기서 쉬어가도 되겠어."

나름이가 빗자루를 손에 든 채 뿌듯해했다.

그때 나름이가 들고 있던 빗자루와 두 손 모양에서 무언가 툭 튀어나왔고, 침대와 지붕도 반짝이며 함께 간단한 모양을 이루었다.

"그림아, 이거… 한자 글자지?"

나름이가 글자를 알아보고 물었다.

그림이는 고개를 끄덕였다.

"응! 집 안에서 두 손으로 빗자루를 들고, 잠을 자기 위해 침대 주위를 깨끗이 청소하는 모습에서 나온 글자야. 잠잘 침 寢이라고 해."

"우와! 청소하면서 잠자려고 준비했더니 글자가 떠오른 거야?"

"그래. 네가 쓸고 닦아서 잠잘 침 寢이 나타난 거야. 같은 지붕 아래에서 계속 글자들이 나오고 있어!"

• • •

그림이는 주위를 두리번거리며 말했다.

"그런데… 뭐 덮을 것이 있으면 좋겠는데."

"아! 여기 이불이 있어!"

나름이가 반짝이는 눈으로 소리쳤다.

깨끗하게 정리된 집, 그리고 도톰한 이불. 나름이는 캠핑을 온 듯한 기분이 들었다.

잠잘 침

"우리 여기서 하룻밤 묵어도 되겠지? 이제 좀 누워 보자!"

나름이가 이불 위에 몸을 눕히려는 순간, 또다시 글자가 떠올랐다. 이부자리 위에 누워 쉬려는 모습이 그대로 글자가 된 것이다!

"**묵을 숙 宿** 자야!"

그림이가 글자를 보더니 소리쳤다.

"이 글자를 보니 이제야 마음이 놓인다! 이곳에서 하룻밤 보내도 되겠어."

나름이와 그림이는 포근한 이불 속으로 들어갔다. 차가운 바람이 부는 밤이었지만, 깨끗해진 집 안에서 한자 글자들과 함께하니 더 이상 춥지 않았다.

宿
묵을 숙

한자와 함께 놀아 보자

나름이의 몸짓의 집의 모양과 만나 알맞은 글자가 될 수 있도록
미로를 따라 선으로 이어 주세요.

한자 따라 쓰기 2

나름이가 만난 다섯 개의 한자를 소리 내어 읽으면서 예쁘게 써 보세요.

겨울 동

冬	冬	冬	

얼음 빙

氷	氷	氷	

찰 한

寒	寒	寒	

잠잘 침

寢	寢	寢	

잘 숙

宿	宿	宿	

朝

3

빛나는 보석 · 이빨

문틈 사이로

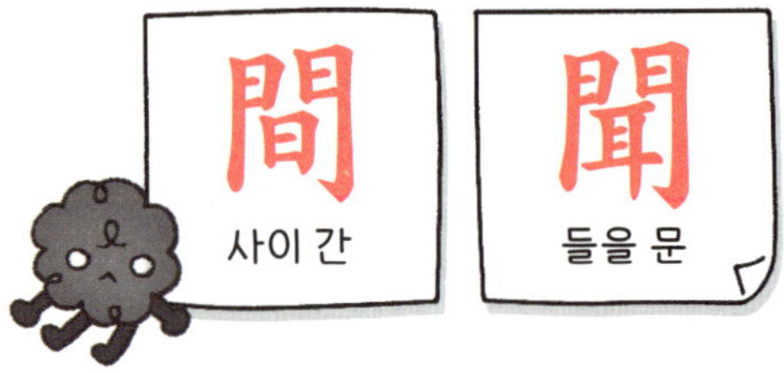

나름이는 잠자리에 누웠지만 좀처럼 잠이 오지 않았다. 낡은 집이라 그런지 바람이 불 때마다 여기저기서 덜컹거리는 소리가 났다. 삐걱거리는 나무 소리, 흔들리는 창문…. 어딘가에서 들려오는 희미한 소리가 밤새 나름이를 잠 못 들게 했다.

자는 둥 마는 둥 하다 보니 어느새 날이 밝아왔다. 벌어진 문틈 사이로 은은한 아침 햇살이 스며들며 나름이를 비추었다.

나름이는 천천히 몸을 일으켜 자리에 앉았다.

"나름아, 잠이 안 와?"

그림이가 눈을 비비며 일어나 물었다.

"응… 그림아! 저기, 문틈 사이로 들어오는 빛 좀 봐."

나름이는 문 쪽을 가리키며 말했다.

"저 모습이 글자가 된다면 정말 멋질 것 같아."

그림이가 문틈 사이로 비추는 빛을 보고 환하게 웃으며 말했다.

"벌써 떠올랐어. 사이 간 間이야."

나름이가 손가락으로 가리킨 곳에서 글자가 반짝이며 떠올랐다.

"문 모양의 문 문 門 아래에, 해를 뜻하는 날 일 日이 함께 모여서 사이 간 間이 된 거야."

그림이의 말에 나름이는 고개를 끄덕이며 반짝이는 글자를 바라보았다.

그때였다.

끄득… 끄드드득…

어딘가에서 이상한 소리가 들려왔다.

"이게 무슨 소리지?"

나름이와 그림이는 소리가 나는 쪽을 향해 조심스럽게 다가갔다.

끄득, 끄드드득…

소리는 점점 더 또렷해졌다.

나름이는 귀를 문 쪽에 바짝 갖다 댔다.

그러자 문 모양의 **문 문 門**과 귀 모양의 **귀 이 耳**가 합쳐지더니 두둥실 떠오르며 또 다른 글자가 만들어졌다.

들을 문 聞

"이번에도 글자가 나왔어!"

나름이가 글자를 반기며 외쳤다.

그림이가 살짝 웃었다.

"문밖의 소리를 들으려는 모습이 그대로 글자가 된 거야!"

하지만 누가 소리를 내는지는 여전히 알 수 없었다.

나름이는 그림이를 바라보며 나직하게 속삭였다.

"그림아… 대체 이 소리는 뭐지? 혹시… 밖에 누가 있는 걸까?"

두 친구는 문 쪽으로 한 걸음 더 다가갔다. 문밖에는 도대체 누가 있는 것일까?

해와 달이 만나는 순간

문가에서 서성거리는 동안, 밤은 서서히 물러가고 있었다. 어둑하던 하늘은 점점 옅어지고, 새벽 공기가 차갑게 볼을 스쳤다. 나름이와 그림이는 조심스럽게 용기를 내어 문밖으로 나왔다.

밖은 아직 이른 새벽이었다. 숲속에는 차가운 새벽안개가 남아 있었고, 나뭇가지 사이로 부드러운 빛이 새어 나왔다. 그때 나름이가 하늘을 올려다보며 말했다.

"나뭇가지 사이로 해와 달이 만나고 있네?"

그림이는 나름이의 말에 고개를 끄덕이며 빙긋 웃었다.

"너, 아침의 한자를 그대로 찾아냈구나."

"아침의 한자?"

나름이가 눈을 반짝이며 되물었다.

"그래, 네가 본 그대로야. 해를 뜻하는 **날 일 日**, 풀을 뜻하는 **풀 초 艹**, 그리고 달을 뜻하는 **달 월 月**이 합쳐져서 **아침 조 朝**라는 글자가 되었지."

그림이가 손을 뻗어 가지 사이로 고개를 내민 해와 수줍은 듯 숨으려 하는 달을 가리켰다. 그 순간, 아침의 글자가 하늘 위로 떠올랐다.

나름이와 그림이는 어느새 문밖에서 나던 소리에 대해서는 잊고, 눈앞의 아름다운 아침을 담은 글자를 바라보았다.

해는 점점 더 높이 떠올랐고, 달은 어느덧 희미해졌다.

금빛 이빨을 가진 친구

끄드득… 끄드드득…

그때 등 뒤에서 다시 그 낯선 소리가 들려왔다. 나름이와 그림이는 소리가 나는 쪽을 향해 고개를 돌렸다.

그리고 그곳에는…

그토록 찾아 헤매던 작은 친구가 있었다!

작은 친구는 입을 씰룩거리며 무언가를 씹고 있는 듯했다.

"아까 들리던 소리는 이 친구가 낸 거였구나!"

그림이가 말했다.

"그런가 봐. 그런데… 이빨을 가는 소리 같은데?"

나름이는 조심스럽게 작은 친구에게 다가갔다.

나름이가 한 발짝 더 다가가자, 작은 친구는 깜짝 놀라 급히 달아나려 했다. 하지만 허둥댄 나머지 돌부리에 걸려 털썩 넘어지고 말았다.

그리고 갑자기—

"하아아아아아악!"

작은 친구는 겁먹은 얼굴로 발을 버둥거리며 크게 입을 벌렸다. 그 순간이었다.

먼저 입 모양의 **입 구 口** 자가 공중에 반짝이며 떠올랐다. 그리고 조금 더 입을 벌리자, 그 안으로 반짝이는 이빨이 보였다.

버둥거리는 한쪽 발과 입속에서 드러난 이빨들….

그 모습이 하나의 글자로 변하더니, **이 치 齒** 자가 두둥실 떠올랐다.

나름이와 그림이는 그 글자를 바라보다가, 작은 친구의 이를 보고 다시 한번 깜짝 놀랐다.

"이빨이 모두 금색이야!"

나름이가 눈을 동그랗게 뜨고 외쳤다.

작은 친구의 이는 마치 금빛 보석처럼 반짝이고 있었다.

그림이는 작은 친구의 입을 자세히 들여다보며 말했다.

티끌이의 이빨
영상으로 다시 보기

"그런데 이빨 사이에 뭐가 끼어 있는데?"

자세히 보니 정말 위쪽 송곳니 사이에 조그마한 나뭇가지가 끼어 있었다.

"저런… 아팠겠다. 팔이 짧아서 혼자서는 못 빼냈나 봐."

그림이가 안쓰럽다는 듯 말했다.

나름이는 조심스럽게 작은 친구에게 다가가 나뭇가지를 톡 하고 뽑아 주었다.

작은 친구는 눈을 깜빡이며 한결 편안해진 표정을 지었다. 그리고 나름이와 그림이를 바라보더니 어디론가 가자는 듯한 몸짓을 했다.

"우리보고 따라오라는 걸까?"

나름이가 속삭였다.

"그런 것 같아. 가 보자!"

나름이와 그림이는 망설임 없이 작은 친구를 뒤쫓아 달려갔다.

朝 齒

한자와 함께 놀아 보자

티끌이는 어디로 가는 걸까요? 길을 함께 따라가 보세요.

한자 따라 쓰기 3

나름이가 만난 네 개의 한자를 소리 내어 읽으면서 예쁘게 써 보세요.

 사이 간	間	間	間	
 들을 문	聞	聞	聞	
 아침 조	朝	朝	朝	
 이 치	齒	齒	齒	

嚴

4

반짝·이는 보석과 검디검은 그림자

깊은 어둠 속 빛나는 보석

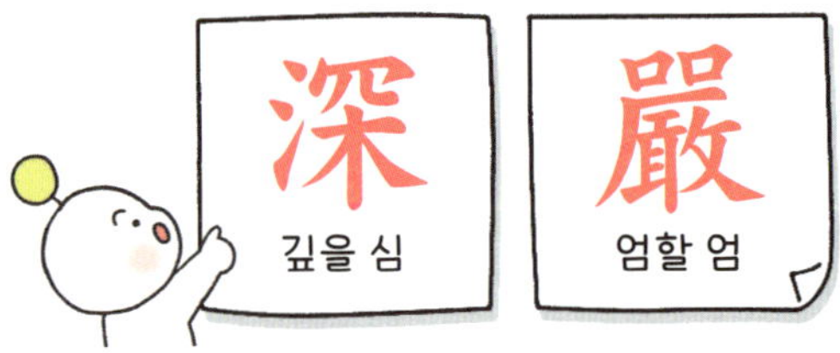

작은 친구는 고불고불한 산길을 지나 점점 깊숙한 산속으로 들어갔다. 그 끝에는 커다란 동굴이 있었는데, 깊이를 알 수 없는 어둠으로 이어져 있었다.

동굴 속으로 작은 친구가 거침없이 뛰어 들어가자, 나름이와 그림이는 티끌이를 또 놓칠까 봐 정신없이 뒤쫓아 갔다. 동굴은 끝없이 계속되었고, 점점 더 깊어졌다.

내려갈수록 숨 쉬는 것이 점점 힘들어졌다. 나름이는 가쁜 숨을 몰아쉬며 간신히 말했다.

"너무 깊이 들어온 것 같아…. 숨쉬기도 힘들고, 식은땀이 나."

그림이도 거칠게 숨을 몰아쉬며 동굴 벽을 짚었다.

그때 나름이의 모습에서 번쩍이며 글자가 떠올랐다.

"저기 봐! 깊은 동굴 속에서 식은땀을 흘리며 숨이 가쁜 모습이 그대로 글자가 됐어! 깊음을 표현한 글자 **깊을 심 深** 자야!"

나름이와 그림이는 자신들의 모습을 그대로 베껴 놓은 듯한 글자를 바라보며 숨을 고르려 했다.

작은 친구는 그들의 걱정을 아는지 모르는지, 동굴 깊숙이 있는 작은 구멍으로 쏙 들어가 버렸다.

"저기로 가 버렸어! 따라가자!"

나름이와 그림이는 고개를 숙여 작은 구멍으로 조심스럽게 발을 내디뎠다.

"우와…!"

그곳은 환하게 빛나는 보석들이 가득했다.

나름이는 숨을 삼켰다.

"저기 좀 봐. 이 동굴 안에 보석이 엄청 많아!"

보석들은 반짝반짝 금빛으로 빛나고 있었다. 그 사이로 보석으로 꽉 차 있는 바구니가 여기저기 놓여 있었고, 한쪽에는 연장들이 가지런히 놓여 있었다.

나름이가 바닥에 놓인 연장을 가만히 바라보다가 호기심 넘치는 표정으로 들어 올렸다.

"이 연장을 어떻게 쓰는 걸까?"

그 순간, 그림이의 얼굴이 굳어졌다.

"나름아… 네가 손으로 연장을 들고 있는 모습과 위쪽의 보석 바구니 모양이 동굴 벽과 함께 또 다른 글자를 만들고 있어."

나름이는 고개를 갸웃했다.

"어떤 글자인데?"

그림이는 걱정스러운 표정으로 천천히 말했다.

"그건 **엄할 엄 嚴** 자야…"

"엄할 엄 嚴?"

"탄광에서 보석을 캐는 일은 위험했어. 동굴이 무너질 수도 있었거든. 그래서 항상 조심해야 했기 때문에 빈틈없이 살피고 관리했어. 그렇게 보석을 캐는 동굴을 본뜬 글자가 '엄격하다'라는 뜻이 된 거야."

그림이의 말이 끝나기도 전에,

퉁… 쿵… 퉁… 쿵…

어디선가 묵직한 소리가 들려왔다.

"누가 오고 있어! 일단 숨자!"

그림이가 낮은 목소리로 외쳤다. 나름이는 얼른 연장을 내려놓고 그림이와 함께 바위 뒤로 몸을 숨겼다. 둘은 심장이 두근거렸다. 이 깊은 동굴 속에 누가 있는 거지?

쫓아오는 검은 그림자

"으으으으으! 으으으으으!"

묵직한 소리와 함께 기분 나쁜 소리가 동굴 안에 울려 퍼졌다.

나름이와 그림이는 소리가 나는 곳을 바라보았다. 어둠 속에서 이상한 사람들이 나타났다. 온몸이 온통 시커먼 모습이 마치 모든 빛을 빨아들이는 것 같았다.

커다란 두 눈은 반짝였지만, 몸은 짙은 검은색이었고, 얇은 팔과 다리에서는 시커먼 액체가 뚝뚝 떨어지고 있었다. 그 검은 액체가 땅에서 튕기면서, 검은 모습과 함께 검을 흑 黑 자를 만들었다.

나름이는 깜짝 놀라 뒷걸음질 쳤다.

“저… 저게 뭐야? 으스스한 느낌인데?”

심흑인간의 모습
영상으로 다시 보기

가슴이 쿵쾅거리고 손에 땀이 났다.

"혹시 내가 연장을 만져서 화가 난 걸까?"

나름이는 불안한 눈빛으로 그림이를 쳐다보았다.

그림이는 하얗게 질린 얼굴로 소리쳤다.

"저… 저건… 심흑 인간이야!!"

"뭐? 심흑 인간?"

검은 사람들이 나름이와 그림이를 향해 천천히 다가오기 시작했다.

"으으으으으…."

낮고 이상한 소리를 내면서 점점 가까워졌다.

나름이는 온몸에 소름이 돋았다.

"나름아, 도망가야 해!!!"

그림이의 외침에 나름이는 정신을 차리고 반대쪽으로 뛰었다.

둘은 있는 힘껏 달리기 시작했다. 숨이 턱까지 차올랐지만 멈출 수 없었다.

한자와 함께 놀아 보자

동굴 속에서 길을 잃었어요. 나가는 길은 어디일까요?

金
嚴
엄할 엄

한자 따라 쓰기 4

나름이가 만난 세 개의 한자를 소리 내어 읽으면서 예쁘게 써 보세요.

깊을 심

深	深	深	

엄할 엄

嚴	嚴	嚴	

검을 흑

黑	黑	黑	

深嚴 黑

段

5

어둠의 틈에서 깨어나는 마음

마음을 잃은 사람들

한참을 뛰어가자 천장이 아주 높은 커다란 동굴이 나타났다.

"누가 이곳까지 들어왔지?"

어디선가 굵고 낮은 목소리가 들려왔다. 어두운 동굴 한가운데 있던 커다란 붉은 바위가 흔들리더니 스르르 일어났다. 다시 보니 바위가 아니라, 붉은 수염을 가진 키가 아주 큰 사람이었다.

나름이가 놀라 말을 꺼내지 못하고 머뭇대고 있는데, 작은 친구가 구석에서 깡충 뛰어나와 그 사람의 어깨 위로 폴짝 올라갔다. 그리고 넓은 어깨 위에서 통통 튀며 무언가 말하는 듯한 몸짓을 보였다.

아저씨의 표정이 한결 부드러워졌다. 그러고는 나름이와 그림이를 바라보았다.

"너희는 티끌이의 보석 이빨을 보고도 욕심내지 않았구나?"

"저 친구 이름이 티끌이군요? 이빨 사이에 뭐가 끼어 있어서 빼주긴 했어요."

"그래, 고맙구나. 금빛 보석 이빨이 갖고 싶지는 않았니?"

"그건 티끌이의 이빨이잖아요. 저희는 보석은 필요 없어요. 그런데 심흑 인간들은 왜 이렇게 어두운 동굴에서 보석을 모으고 있는 거예요?"

붉은 수염 아저씨는 깊은 한숨을 내쉬었다.

"마음을 빼앗겼기 때문이란다."

"네? 마음을 빼앗겼다고요?"

"그래. 보석에게 모든 마음을 빼앗겨, 아주 중요한 것조차 잊어버렸단다. 빛나는 보석이 잠시라도 곁에 없으면 안절부절못하고, 보석이 있는지 계속 확인하는 것이 그들의 전부가 되어 버렸지. 그러다가 언제부턴가 저렇게 변해 버렸단다."

나름이는 혹시 자신이 주문을 걸어서 이런 일이 생긴 것은 아닐까 하는 생각이 들어 마음이 무거워졌다.

"너희는 어쩌다 이런 곳에 오게 된 거니?"

붉은 수염 아저씨가 물었다.

“티끌이를 따라왔어요.”

나름이가 웃으며 티끌이를 돌아보았다.

“티끌이라는 이름은 아저씨가 붙여 주신 거예요?”

“그래. 이 녀석을 처음 만났을 때 커다란 먼지 더미 속에서 버둥대고 있었지. 그래서 내가 티끌이라고 이름을 지어줬단다. 처음엔 작은 심흑 인간인 줄 알았는데, 보석에는 관심도 없고 마음도 빼앗기지 않은 것 같더구나. 한 번은 금빛 보석을 입에 넣길래 무슨 짓인가 했더니, 그걸 이빨로 쓰고 있지 뭐니.”

티끌이의 엉뚱한 행동에 아저씨도, 나름이도 함께 웃었다.

“혹시 티끌이가 어디서 왔는지 아세요?”

나름이는 티끌이에 대한 것이 궁금해서 견딜 수가 없었다.

“글쎄다. 내가 티끌이에 대해 아는 것은 그게 다란다.”

티끌이에 대한 기대가 너무 컸던 걸까? 나름이는 한숨을 쉬며 고개를 푹 숙였다.

아저씨는 나름이를 힐끗 보더니 동굴 안쪽으로 들어가셨다.

뚝딱뚝딱 마음 만들기

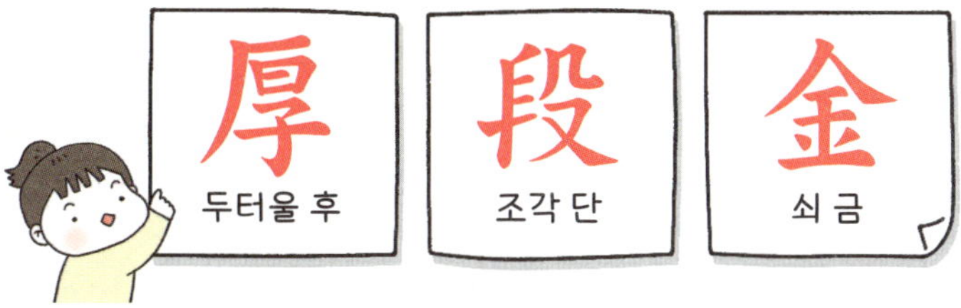

"이곳까지 왔으니 내가 뭔가 만들어 주마."

아저씨가 항아리를 가져오셨는데 입구는 크고 밑은 좁아 벽에 기대어 놓아야 겨우 세울 수 있었다.

"이 항아리를 어디에 쓰시려는 거예요?"

나름이가 묻자, 아저씨가 찬찬히 설명해 주셨다.

"이 항아리는 아주 두껍게 빚어졌지. 잘 보렴. 벽에 기대어 놓으니 글자가 떠오르는 것이 보이니?"

그림이가 항아리 옆에 떠오른 글자를 알아보며 소리쳤다.

"와, 저건 **두터울 후 厚** 글자인데요?"

"그래. 이 두꺼운 항아리로 보석을 녹일 거란다."

"보석을 녹인다고요??"

"탁-!"

아저씨는 커다란 연장으로 벽에 붙어 있는 보석을 내리쳤다. 반짝이던 보석은 조각이 되어 거뭇거뭇한 색으로 변해 버렸다.

아저씨가 연장으로 벽을 내리쳐서 조각을 내는 모습에서 어떤 글자가 떠올랐다. **조각 단 段**이라는 글자였다.

티끌이가 바로 이거라는 듯 조각 하나를 집어 올려 아저씨에게 건넸다.

"아저씨, 보석을 그렇게 깨 버려도 괜찮은가요? 보석이 까맣게 변해 버렸어요."

나름이가 묻자, 아저씨가 피식 웃으며 대답했다.

"이 반짝이는 보석을 깨 버리면 검지만 쓸모 있는 돌들을 얻을 수 있지."

아저씨는 조각 몇 개를 주워 항아리에 넣고 불을 지피기 시작했다. 항아리 안에 넣은 보석들은 녹아서 이내 뜨겁고 붉은 쇳물이 되었다.

"평소에 원하는 모양이 있니?"

나름이는 잠시 생각하더니 말했다.

"마음을 볼 수 있었으면 좋겠다고 생각한 적은 있어요."

"좋아! 그럼, 마음의 모양을 만들어 주마!"

아저씨는 돌로 된 거푸집들을 뒤적거리더니 두 개의 판을 꺼내 들었다. 안쪽에 만들려는 모양이 잡혀 있는 거푸집이었다. 그 두 개의 거푸집을 맞붙여 줄로 단단히 묶고, 벌겋게 녹은 보석 물을 거푸집의 작은 구멍으로 조심스럽게 부어 넣었다.

"지금 뭘 하고 계신 거예요?"

"녹은 보석 물을 이 거푸집이라는 틀에 부어서 모양을 만드는 거란다."

"두 개로 맞붙인 거푸집에 쇳물을 붓는 모습을 닮은 글자가 나오고 있어요!"

"그래, 그게 바로 **쇠 금 金**이란다."

아저씨는 식은 틀에서 나온 모양을 연장으로 이리저리 두드리더니 나름이에게 건넸다.

"자, 다 됐다. 마음 모양이다."

마음은 어떤 모양일까? 나름이는 기대에 부풀어 손을 내밀었다. 하지만 이 마음 모양을 받아 든 나름이는 실망한 나머지 입을 삐죽 내밀었다.

"이건 그냥 심장 모양인걸요."

"내가 생각하는 마음 모양이란다. 잘 생각해 보렴. 마음이 흔들리면 가슴도 두근거리지 않니? 두근거리는 것은 심장이 하는 일이니, 마음도 같은 모양일 거다."

"하지만 제가 기대한 마음 모양과는 아주 다른걸요."

"하하하! 네 마음은 아주 특별하게 생겼나 보구나. 보석의 빛이 네 마음을 빼앗지 못한 이유가 그 때문인가 보다. 마음 모양 같지 않다고 하니, 여기다가 **마음 심 心** 글자를 새겨 주마."

아저씨는 새까만 심장 모양 보석돌에 날카로운 송곳으로 조심스럽게 **마음 심 心** 글자를 새겼다.

볼품없어 보이던 모양의 돌에 아저씨의 멋진 글자가 새겨지니 나름이는 그제야 그 심장 모양 보석돌이 제법 마음에 들었다.

段
金
厚

段
조각 단
厚
두터울 후

黑
검을 흑
金
쇠 금

나눌수록 드러나는 진실

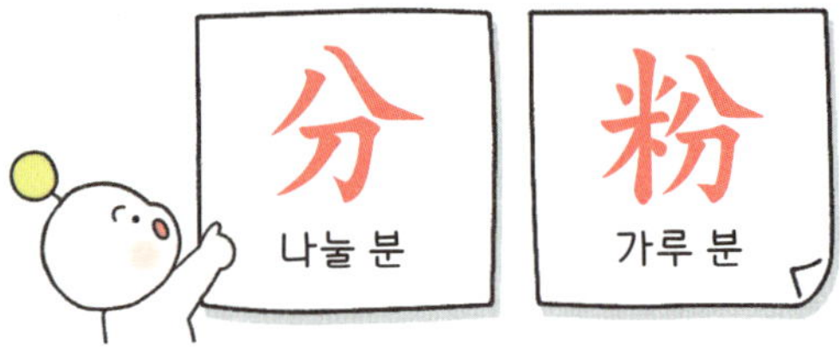

"심흑 인간이 마음을 빼앗겨 씨앗 한자도 잊어버렸다고 하셨지요?"

"그래."

"어떻게 하면 심흑 인간을 원래 모습으로 돌아오게 할 수 있나요?"

"글쎄다. 나도 그 방법을 찾는 중이란다."

나름이는 곰곰이 생각하더니 말했다.

"심흑 인간들도 보석이 이렇게 쉽게 검게 변해 버리는 것을 알고 있나요?"

"보석을 자기 심장보다 더 애지중지하니 떨어뜨리는 것은 보지 못했구나."

"심흑 인간이 보는 앞에서 보석을 반으로 쪼개서 돌로 변한다는 사실을 알려줘야겠어요."

나름이는 커다란 보석 하나와 바닥에 있던 뭉툭한 칼을 집어 들었다. 그리고 성큼성큼 심흑 인간의 동굴 쪽으로 걸어갔다. 그림이와 아저씨, 그리고 티끌이도 따라나섰다.

동굴로 걸어들어오는 나름이 일행을 보고 심흑 인간들이 하나둘 떼 지어 몰려오기 시작했다. 특히 나름이가 들고 있는 금빛 보석을 보더니 흥분하기 시작했다.

"으으으으으으! 으으으으으으!"

그 괴이한 소리에 온몸의 털이 쭈뼛 솟았지만, 나름이는 곧바로 정신을 차렸다. 그리고 재빨리 바닥에 보석을 내려놓고 나무 칼로 있는 힘껏 내리쳐 반으로 쪼갰다.

반짝이던 금빛 보석이 반으로 쪼개져 검고 초라한 돌로 변해 버렸다. 나름이가 내리친 칼과 쪼개진 보석의 모습에서 나눌 분 分 글자가 튀어나왔다.

"으으음!!!"

검은 사람들은 보석이 검은 돌로 변하자 큰 충격을 받은 듯했다.

"나름아, 너 정말 용감하다! 저 무시무시한 심흑 인간 앞에서 보

석을 칼로 나누고 **나눌 분 分** 글자를 만들다니!"

그림이가 이 광경을 보고 손뼉을 치며 말했다.

"효과가 있는 것 같구나!"

이를 보던 아저씨도 나서서 보석을 몇 번 더 나누었다.

쪼개면 쪼갤수록 보석은 점점 더 볼품없고 시커멓게 변해 갔다. 보석들은 점점 더 잘게 쪼개져 쌀알만큼 작아졌다. 이 쌀알만 한 가루들은 아까의 **나눌 분 分** 옆에 **쌀 미 米** 모양을 이루며 **가루**

분 粉 자를 만들었다.

"알갱이를 작게 나눌수록 저 심흑 인간들이 점점 더 정신을 못 차리는 것 같은데?"

심흑 인간들은 놀란 표정으로 한동안 움직이지 않더니 날카로운 쇳소리를 내며 이리저리 몸을 비틀었다.

한자와 함께 놀아 보자

붉은 수염 아저씨가 뭔가를 만드는 모습에서 글자가 나왔어요.
어떤 글자인지 함께 찾아볼까요?

조각 단	쇠 금	두터울 후	검을 흑
연장으로 벽을 내리쳐 조각이 되었어요.	거푸집에 쇳물을 부었더니 글자가 되었어요.	두꺼운 항아리가 벽에 기대어 있어요.	온통 검은 사람의 모습이 글자가 되었어요.

한자 따라 쓰기 5

나름이가 만난 다섯 개의 한자를 소리 내어 읽으면서 예쁘게 써 보세요.

 두터울 후	厚	厚	厚	
 조각 단	段	段	段	
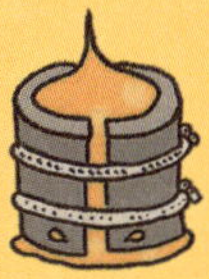 쇠 금	金	金	金	
 나눌 분	分	分	分	
 가루 분	粉	粉	粉	

잊힌 말이 깨어나다

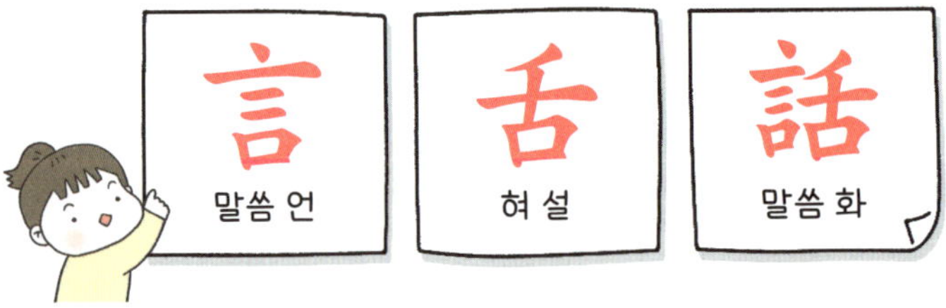

심흑 인간 하나가 몸을 비틀다가 금빛 보석을 땅에 떨어뜨렸다. 보석은 바닥에 부딪혀 쪼개지며 부스스한 검은 돌덩이가 되었다. 이를 본 심흑 인간은 까무러치듯 놀라며 몸을 부르르 떨더니, 입을 벌려 소리를 내기 시작했다.

"아~~~"

그 모습을 본 다른 심흑 인간도 소중히 안고 있던 보석을 바닥에 떨어뜨렸다.

퍽! 퍼서석!

반짝이던 보석은 한순간에 검은 돌로 변했다.

다른 심흑 인간들도 비슷한 소리를 내기 시작했다.

"에~~~~~~"

"이~~~~~~"

심흑 인간들의 입에서 퍼져나가는 소리의 모습 위로 글자가 떠올랐다. 그것은 바로 입과 소리의 모양에서 나온 **말씀 언 言** 글자였다.

나름이가 심흑 인간의 입 쪽을 가리키며 소리쳤다.

"저것 봐! 심흑 인간들의 굳어 있던 혀가 점점 움직이나 봐."

"응, 입을 벌려 길게 내민 혀가 **혀 설 舌** 모양을 하고 있어."

그림이도 흥분한 목소리로 말했다.

심흑 인간들이 혀를 움직여 소리를 내기 시작하자, **혀 설 舌**과 **말씀 언 言**이 만나 조금 더 복잡한 글자 **말씀 화 話**가 되었다.

"아… 아아!"

"이… 이…."

"오… 와!"

"우… 우…."

심흑 인간들은 갓난아기처럼 옹알거리는 소리를 내기 시작했다.

굳어 있던 입술이 풀리고 혀가 움직이며 오랫동안 잊어버린 말들이 조각조각 떠올랐다.

言
말씀 언
話
말씀 화
舌
혀 설
아
아
이
오
입에서
소리가 나와
말이 되고 있어
입속의 혀가
침을 흘리며
움직여

목마른 기다림

欠 하품 흠 | 谷 골짜기 곡 | 欲 하고자 할 욕

심흑 인간들은 아직 검은 모습이었지만, 조금씩 본래의 마음이 돌아오는 듯했다. 그들은 짧은소리를 내며 하나둘 줄지어 움직이기 시작했다.

"저 심흑 인간들을 따라가 보자꾸나. 모습이 점점 변하는 걸 보니 이제 이 어두운 동굴을 떠날 것 같다."

아저씨의 말에 나름이 일행도 조용히 그들을 뒤쫓았다.

심흑 인간들을 따라가자, 정말로 어두운 동굴을 빠져나가는 길이 나타났다. 그리고 동굴을 나오자 굽이굽이 흐르는 계곡물이 보였다.

"저 높은 산골짜기에서 계곡물이 내려오는 모양이 꼭 글자 같다."

나름이가 감탄하며 산을 가리켰다.

"골짜기 곡 谷이라는 글자야. 네 말처럼 양쪽으로 흘러내리는 물줄기를 본떠 만든 글자지. 오늘따라 계곡물이 더 반짝이는 것 같아."

그림이가 활짝 웃으며 말했다.

어두운 동굴에서 오래 있다가 나와서일까? 바깥 풍경은 더욱 밝고 아름다워 보였다. 심흑 인간들도 계곡물 쪽으로 모여 앉았다.

"저것 봐. 심흑 인간들이 입을 벌리고 구부정하게 앉아 있어. 하품하는 건가?"

나름이가 신기한 듯 말했다.

"정말이네. 입을 크게 벌리고 있는 모습에서 하품 흠 欠 글자가 보여."

그림이가 맞장구쳤다.

"이번에는 계곡물을 갖고 싶은 걸까?"

"글쎄… 목이 말라서 그런지도 모르지. 입을 아주 크게 벌리고 있는데?"

나름이와 그림이가 말을 나누고 있는데, 아저씨가 성큼 다가오며 말했다.

"심흑 인간들이 하품하듯이 입을 벌린 모습의 글자 하품 흠 欠

이 **골짜기 곡 谷** 자와 만나 **하고자 할 욕 欲** 자를 만들고 있구나."

"그럼 다시 금빛 보석을 탐낼 때처럼 마음을 잃어버리게 되는 건 아닐까요?"

나름이가 걱정스러운 얼굴로 물었다.

"그렇지 않아."

아저씨가 따스하게 웃으며 말했다.

"**하고자 할 욕 欲** 자는 무언가를 원하고자 하는 마음이지. 지금 심혹 인간들은 단순히 보석처럼 빛나는 것을 탐하는 것이 아니라, 스스로 의욕을 되찾고 있는 것 같구나. 저 계곡의 물을 마시고 목마름이 없어지면 잊어버린 씨앗 한자들을 찾아 나설지도 모르지."

分碎話

한자와 함께 놀아 보자

그림 속에서 세 개의 한자를 찾아 알맞은 글 상자 안에 넣어 주세요.

하고자 할 욕

계곡물을 다 마실 듯 입을 벌린 모양이 글자가 되었어요.

말씀 화

입에서 나온 소리의 모습과 입을 벌려 혀를 내민 모습이 만나 말이 되었어요.

나눌 분

칼로 나누고 나누어 가루가 되었어요.

한자 따라 쓰기 6

나름이가 만난 여섯 개의 한자를 소리 내어 읽으면서 예쁘게 써 보세요.

말씀 언

言	言	言	

혀 설

舌	舌	舌	

말씀 화

話	話	話	

하품 흠

欠	欠	欠	

골짜기 곡

谷	谷	谷	

하고자 할 욕

欲	欲	欲	

弓
引

6

출발! 서쪽으로

활을 당기는 아이들

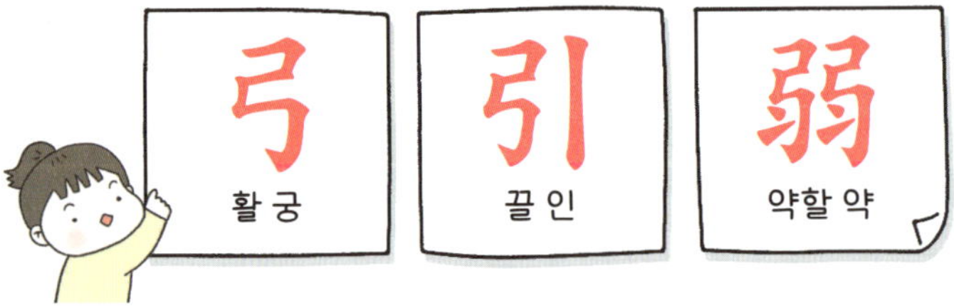

"이럴 때가 아니지. 내가 이 부근에 활을 떨어뜨린 것 같은데…. 아, 저기 있군!"

아저씨는 두리번거리더니 커다란 활을 집어 올렸다.

"정말 커다란 **활 궁 弓**이네요."

그림이가 활을 보며 말했다.

"저게 **활 궁 弓**이라는 한자야?"

나름이는 활 모양을 닮은 모양을 보고 단번에 글자를 알아차릴 수 있었다.

아저씨는 저 멀리 계곡을 향해 활을 들어 올리더니 가볍게 활시

위를 당겼다.

"아저씨가 활시위를 당기는 모습에서 끌 인 引 글자가 떠오르고 있어."

그림이는 그 모습을 보며 중얼거렸다.

• • •

나름이는 아저씨가 모르는 사이에 슬쩍 활을 당겨보려 했지만, 활은 꿈쩍도 하지 않고 부르르 떨릴 뿐이었다.

그림이도 도전해 보았지만 마찬가지였다.

"하하핫! 이 활이 우리 둘에게 약하다고 하는 것 같은데?"

나름이가 약이 올라서 말했다.

"저기 봐, 활이 당겨지지 않고 떨리기만 하는 모습에서 약할 약 弱 자가 떠오르고 있어."

그림이가 글자를 가리키며 말했다.

"이 활을 쓸 수 있는 건 한자 나라에서 나뿐이란다. 하핫!"

아저씨는 나름이와 그림이를 돌아보며 크게 웃었다. 그러다 문득 계곡 앞에서 여전히 입을 벌리고 있는 심흑 인간들을 바라보며 말했다.

활 궁
끌 인
아무리 당겨도
당겨지지 않네?
우리가 힘이
약해서
그런가?
약할 약

“그나저나 저 심흑 인간들이 원래대로 돌아오는 데는 시간이 꽤 걸릴 것 같구나.”

그림이와 나름이도 심흑 인간들을 걱정스러운 듯 바라보았다.

말과 함께 서쪽으로

"심흑의 계곡은 아이들이 오래 있을 곳이 아니야. 어서 이 산에서 내려가려무나."

아저씨는 나름이와 그림이를 다정하게 바라보며 단호한 목소리로 말했다.

"날이 곧 어두워질 테니 서둘러야 한다. 산 아래에 내 말이 있단다. 그 말을 향해 **말 마 馬** 자를 휘저어 쓰면 탈 수 있을 거야."

"**말 마 馬** 자요?"

나름이가 고개를 갸우뚱하자, 아저씨는 손가락으로 바닥에 부드럽게 글자를 그렸다.

"이 글자를 기억하렴."

아저씨가 남긴 말 마 馬 자는 선명하게 흙 위에 새겨졌다. 금방이라도 말이 튀어나올 것만 같았다. 그림이는 그 글자를 유심히 바라보았다.

"아저씨는 함께 가지 않으세요?"

나름이가 조심스럽게 물었다.

아저씨는 잠시 말없이 서 있었다. 꽉 다문 입술과 힘주어 뜬 눈에서 굳은 마음이 느껴졌다.

"나는 꼭 찾아야 할 사람이 있단다."

짧지만 무게가 실린 대답이었다.

"꼭 찾아야 할 사람요?"

나름이가 다시 물었지만, 아저씨는 그저 빙그레 웃을 뿐이었다.

"그 사람을 찾기 전까지는 이곳을 떠날 수 없구나."

아저씨의 목소리는 어딘가 아련했다.

"그럼 우리는 어디로 가면 되나요?"

"말을 타고 서쪽 마을로 가거라. 그곳에서 내 이야기를 하면 너희를 반갑게 맞아줄 거야. 걱정할 것 없다."

아저씨는 나름이와 그림이를 한 명씩 번갈아 바라보며 등을 토닥여 주었다.

나름이와 그림이는 아저씨와 아쉬운 작별을 했다.

"조심하세요, 아저씨!"

그림이는 손을 흔들어 아저씨에게 인사를 했고, 나름이도 마지막으로 아저씨를 바라보았다. 심흑의 계곡 끝에 우두커니 서 있는 아저씨 모습이 점점 희미해져 갔다.

티끌이 넌 대체 누구야?

한참을 뛰어 내려오던 중 나름이는 허리에 찬 씨앗 주머니가 씰룩거리는 것이 느껴졌다.

"응?"

마치 주머니가 스스로 움직이는 것 같았다.

나름이가 주머니를 열자 티끌이가 안에서 버둥거리고 있었다.

"티끌이가 **마음 심 心**에 깔려서 꼼짝 못 하고 있어!"

나름이가 놀라 외쳤다.

그림이가 다가와 주머니 속을 들여다보았다.

"우리를 따라왔나 보다. 그런데 언제 들어갔지?"

티끌이는 주머니 안에서 꼬물거리며 마음 심 心 모양의 보석돌을 밀어내려고 안간힘을 쓰고 있었다. 자기가 조그마한 보석돌 아래 깔려 있다는 사실이 몹시 마음에 들지 않는 듯했다.

나름이는 피식 웃으며 티끌이를 손바닥 위에 올려 주었다.

"넌 대체 뭐 하는 녀석이야?"

나름이가 장난스럽게 물었지만, 티끌이는 머리를 갸웃거리며 모른 척할 뿐이었다.

티끌이는 작은 몸을 통통 튀기며 다시 나름이의 어깨 위로 뛰어

올랐다. 마치 원래부터 함께했던 친구처럼.

셋이 함께 도란도란 이야기를 나누며 길을 걷다 보니 어느덧 산 아래에 다다랐다.

산 밑에는 저 멀리까지 넓은 들판이 펼쳐져 있었다.

“저기 봐. 아저씨가 찾으라고 했던 그 말인가 봐!”

나름이가 손을 들어 멀리 가리켰다.

푸른 들판 넘어 나무 그늘에서 한 마리의 말이 고개를 숙이고 풀을 뜯고 있었다. 말은 나름이 일행을 발견하고는 천천히 고개를 들어 이쪽을 바라보았다.

“아저씨가 말씀하신 대로 말 마 馬 자를 써 봐야겠다.”

나름이는 손바닥 위에 글자를 조심스럽게 썼다. 그리고 그 손을 허공에 휘저었다. 그러자 말이 나름이를 향해 천천히 다가왔다.

“정말 온다!”

그림이가 신기한 듯 말했다.

“이 말을 타고 가 보자!”

나름이는 먼저 말에 올라탄 뒤 그림이의 손을 잡아 올려 주었다.

티끌이는 두 아이가 말 위에 오르자, 기다렸다는 듯이 폴짝 뛰어올라 나름이의 어깨에 착지했다. 티끌이는 이쯤이야 대수롭지 않다는 듯 어깨 위에서 몸을 돌렸다.

한자와 함께 놀아 보자

주머니 속의 한자들로 붉은 말의 이름을 지어 주세요.

오늘부터 붉은 말의 이름을 (   ) (   ) 라고 부르자!

한자 따라 쓰기 7

나름이가 만난 네 개의 한자를 소리 내어 읽으면서 예쁘게 써 보세요.

 활 궁	弓	弓	弓	
 끌 인	引	引	引	
 약할 약	弱	弱	弱	
 말 마	馬	馬	馬	

7

노을빛 마을의 노래

샘이 기억하는 길

"아저씨가 서쪽 마을로 가라고 하셨지? 그럼 해가 지는 방향으로 가 보자."

나름이는 말을 살짝 쓰다듬으며 말했다.

넓은 들판 위를 한참 동안 달리다 보니 점점 목이 말랐다. 말도 지쳤는지 처음처럼 힘차게 달리지 못하고 터덕터덕 걷더니 이내 멈추었다.

"어디서 물소리가 나는 것 같지 않아?"

그림이가 귀를 기울이며 말했다.

"이런 곳에서 물소리가 난다고?"

나름이는 의아해하며 주변을 둘러보았다. 끝없이 펼쳐진 초원 한쪽 돌 틈 사이에서 정말로 물이 흘러나오고 있었다.

"진짜 샘물이야!"

나름이와 그림이는 말에서 내려 가까이 다가갔다. 손으로 물을 움켜 떠서 마셔 보니 시원하고 맑았다.

"돌 틈 사이에서 나오는 물의 모습에서 만들어진 글자 샘 천 泉이야."

그림이가 손을 담그며 말했다.

"이게 바로 샘물이구나!"

"말도 목이 마를 텐데, 샘 천 泉의 물을 먹여 주자."

나름이는 조심스럽게 말의 머리를 어루만지며 말했다.

붉은 말은 고개를 숙이고 아주 익숙한 듯 샘물을 마셨다.

나름이가 말을 보며 나직이 중얼거렸다.

"이 말… 이곳에 와 본 적이 있나 봐."

"그래, 어쩌면 아저씨가 말한 마을이 가깝기 때문인지도 모르겠어. 이제 다시 길을 떠나자!"

그림이는 말의 등에 손을 올리며 말했다. 어쩌면 이 말이 그 길을 누구보다도 잘 알고 있을지도 몰랐다.

泉
샘 천

초원의 뿔피리 소리

牛 소 우 | 羊 양 양 | 牧 칠 목

멀지 않은 곳에서 어떤 글자가 천천히 움직이고 있었다.

"그림아, 저기 보이는 글자는 무슨 한자야?"

나름이가 궁금한 듯 물었다.

"응, 동물의 얼굴 모양을 본뜬 글자야. 뿔이 위로 솟아 있는 게 꼭 소의 얼굴을 닮았지? **소 우 牛**라고 읽어."

"그러면 뿔이 아래로 말려 내려간 글자도 있어?"

"그렇지! 뿔이 아래로 둥글게 내려간 건 **양 양 羊** 자야."

점점 글자 쪽으로 가까이 다가가자, 한 아이가 소 옆에서 작은 막대로 소를 몰아 풀을 먹이고 있는 모습이 보였다. 아이가 막대기로 소의 등을 가볍게 탁탁 치는 순간, 소 우 牛와 막대를 잡은 손이 함께 하나의 글자가 되어 떠올랐다.

"저건 소나 양을 모는 모습에서 만들어진 글자야. 칠 목 牧."

"칠 목 牧?"

"응, 막대기로 소나 양을 이끄는 모습에서 생겨난 한자야."

나름이는 다시 한번 아이를 바라보았다.

소를 돌보고 있던 아이는 붉은 머리에 짐승 뿔로 만든 투박한 목걸이를 하고 있었다. 인기척을 느낀 아이가 고개를 홱 하고 돌렸다.

"거기 누구야?"

살짝 겁먹은 듯한 목소리였다.

"안녕? 나는 나름이고, 이쪽은 그림이야. 그리고 이 친구는 티끌이라고 해. 붉은 수염 아저씨가 이 말을 주시면서 이쪽으로 가 보라고 하셨어."

"붉은 수염 아저씨?"

아이는 그 말을 듣고 다가왔다. 그때 티끌이가 말 위에서 미끄러지듯 떨어지더니 붉은 머리 아이의 얼굴 쪽으로 곤두박질쳤다.

"으악! 이게 뭐야?!"

아이는 깜짝 놀라 거칠게 티끌이를 밀쳐냈다.

티끌이는 시무룩한 표정을 짓더니 조용히 나름이의 주머니 안으

로 쏙 들어가 버렸다.

붉은 머리 아이는 당황한 듯 티끌이가 들어간 주머니를 뚫어져라 쳐다보며 말했다.

"아까 그거… 정체가 뭐야?"

나름이와 그림이는 순간 할 말을 잃었다.

그러고 보니 티끌이에 대해 아는 것이 거의 없었다. 이곳에 어떻게 오게 되었는지, 왜 우리를 따라다니는지도….

그저 함께하는 게 자연스러워졌을 뿐, 깊이 생각해 본 적이 없었다. 하지만 붉은 머리 아이가 이렇게 강하게 몰아세우는데 대답을 안 할 수도 없는 노릇이었다.

"음… 그게…."

나름이는 머뭇거리며 말끝을 흐렸다.

"우리도 사실 이 친구를 심흑의 계곡에서 처음 만났어."

그 순간, 붉은 머리 아이의 눈이 커졌다.

"뭐? 심흑의 계곡이라고?!"

아이가 깜짝 놀란 듯 입을 크게 벌리고 소리쳤다.

그리고 갑자기 아이는 목에 걸고 있던 뿔피리 목걸이를 손으로 꽉 쥐더니 힘차게 불었다.

"부오 오오──!"

높고 커다란 소리가 초원 위로 퍼져나갔다.

울타리 너머의 붉은 마을

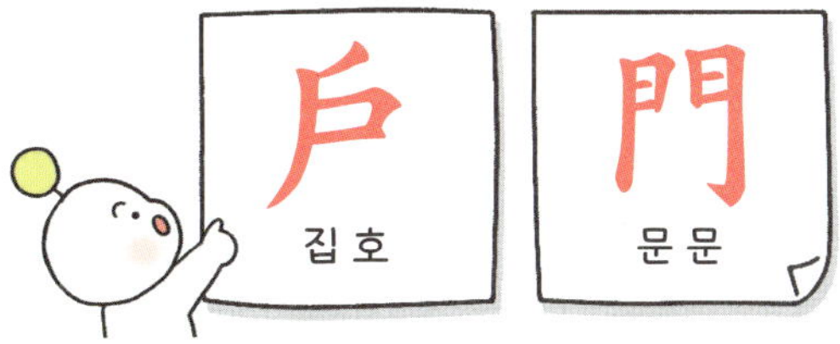

얼마 지나지 않아 땅을 울리는 말발굽 소리가 들려왔다.

몇몇 사람이 말을 타고 빠르게 다가오고 있었다.

그들 중에서도 눈에 띄는 한 사람이 있었다.

붉은 머리를 길게 드리운 여인은 가죽옷을 입고 있었고, 작은 뼈들을 엮은 목걸이를 하고 있었다.

여인은 말 위에서 아이를 내려다보며 물었다.

"무슨 일이지?"

붉은 머리 아이가 나름이와 그림이를 가리키며 말했다.

"이 녀석들이 심흑의 계곡에서 왔다는데 붉은 말을 타고 있어요.

아주 수상해요."

여인은 말을 타고 천천히 다가왔다. 그녀의 눈길이 나름이와 그림이를 지나 붉은 말로 옮겨졌다.

그녀는 말을 한참 동안 바라보더니 조용히 입을 열었다.

"이 붉은 말은 어디서 난 거지?"

나름이가 대답했다.

"붉은 수염의 아저씨가 이 말을 타고 마을로 가라고 하셨어요."

그 순간, 여인의 눈이 크게 흔들렸다.

여인은 다시 한번 붉은 말을 세심하게 살펴보더니, 나름이 일행을 돌아보며 말했다.

"따라와라."

그녀는 말머리를 돌려 마을 쪽으로 향했다.

나름이와 그림이는 서로를 한번 바라본 뒤, 여인의 뒤를 말없이 따라갔다.

마을에 가까워질수록 점점 낯선 풍경이 펼쳐졌다.

마을의 집들은 모두 붉은 지붕을 하고 있었는데, 집마다 다양한 짐승의 뿔로 장식하고 있었다.

처음에는 작은 집들이 줄지어 있었지만, 마을 안쪽으로 들어갈수록 집들이 점점 커졌다. 그리고 제일 끝 쪽에서 으리으리한 집이 모

습을 드러냈다.

“저기 문이 한 짝인 보통 크기의 집을 뜻하는 한자 집 호 戶도 보이고… 끝 쪽에는 문이 두 개가 있는 큰 집을 뜻하는 한자 문 문 門도 보이네.”

그림이가 두리번거리며 낮은 목소리로 속삭였다.

여인은 말없이 나름이 일행을 데리고 마을에서 가장 큰 집의 문 문 門을 열자, 묵직한 나무문이 삐걱거리며 안쪽으로 밀려났다.

안으로 들어서자 바깥에서 보던 것보다 훨씬 넓었다. 벽에는 짐승의 뼈 장식들이 걸려 있었고, 천장에는 커다란 가죽이 드리워져 있었다.

나름이는 문득 여인을 다시 쳐다보았다.

붉은 머리의 여인은 아저씨만큼은 아니지만 키가 컸고, 거칠게 뻗은 다홍색 머리카락이 어깨 위로 아무렇게나 흩어져 있었다. 그녀는 힘이 있어 보였고, 무엇보다 이곳을 다스리는 사람 같았다.

"지쳐 보이는구나."

여인은 나름이와 그림이를 바라보며 조용히 말했다.

“일단 이곳에서 좀 쉬고 있으렴.”

그녀의 말투는 부드러웠지만, 눈빛은 쉽게 읽을 수 없는 감정이 담겨 있었다.

문

户
집 호

한자와 함께 놀아 보자

나름이가 만난 네 개의 한자를 찾아 알맞은 글 상자 안에 넣어 주세요.

집 호	샘 천	문 문	칠 목
작은 집의 문 모양이 글자가 되었어요.	돌 사이로 나오는 샘물이 글자가 되었어요.	커다란 집의 문 모양이 글자가 되었어요.	소를 몰고 있는 모습이 글자가 되었어요.

한자 따라 쓰기 8

나름이가 만난 여섯 개의 한자를 소리 내어 읽으면서 예쁘게 써 보세요.

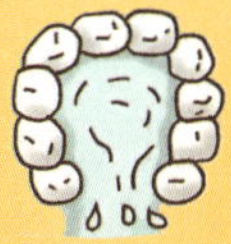	샘 천	泉	泉	泉	
	소 우	牛	牛	牛	
	양 양	羊	羊	羊	
	칠 목	牧	牧	牧	
	집 호	戶	戶	戶	
	문 문	門	門	門	

食
肉

8

긴 여행의 작은 쉼표

맛있는 글자들

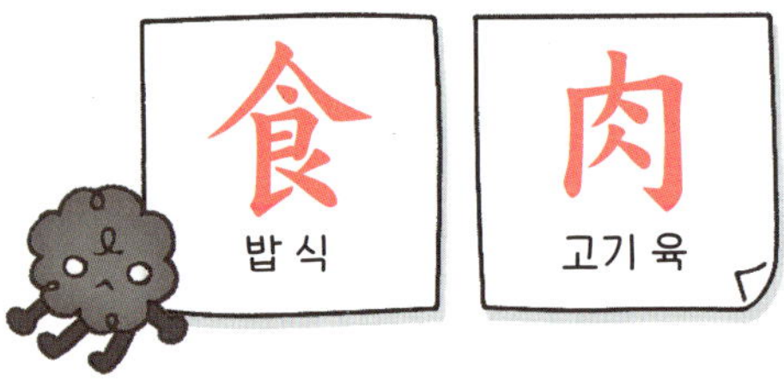

마을 사람들은 커다란 밥상을 차려 나름이와 그림이 앞에 두고 갔다. 상 위의 커다란 밥공기에는 뚜껑이 덮여 있어서 안이 보이지 않았다.

나름이는 천천히 손을 뻗어 뚜껑을 열었다.

순간, 모락모락 피어오르는 김이 공기 중으로 퍼졌다. 그 모습에서 **밥 식 食**이라는 글자가 톡 하고 떠올랐다.

"밥그릇의 둥근 모양, 뚜껑을 덮은 모습, 그리고 모락모락 피어오르는 김…. **밥 식 食**이야!"

그림이가 밥공기를 가리키며 중얼거렸다.

나름이는 글자 속 밥알을 톡 집어 입으로 가져갔다.

"음, 이런 따뜻한 밥은 정말 오랜만이야."

조심스럽게 한 숟갈을 떠 입안에 넣자, 쫀득한 밥알이 혀 위에서 부드럽게 퍼졌다.

밥상 한쪽에는 커다란 고깃덩어리도 놓여 있었다. 고기는 반들반들 윤기가 흐르며, 결이 선명했다.

"한자 나라의 고기가 이렇게 맛있어 보일 줄이야."

나름이가 작은 목소리로 말했다.

그림이도 고개를 끄덕이며 고기를 유심히 바라보았다.

“결이 선명해서 그런지… 왠지 고기 육 肉 자가 떠오를 것 같아.”

그림이의 말이 끝나기가 무섭게 고기와 결의 모양에서 서서히 글자가 떠올랐다.

나름이는 손끝으로 글자를 가볍게 눌러 보더니 피식 웃었다.

“보이는 것만큼 맛도 좋을 것 같아!”

나름이와 그림이는 조심스럽게 고기의 글자를 집어 입에 넣었다. 입안 가득 깊고 신선한 맛이 퍼졌다.

나름이와 그림이가 밥 한 숟갈, 고기 한 점을 먹는 동안, 붉은 머리 여인은 조용히 그 모습을 지켜보고 있었다.

한자와 함께 놀아 보자

숫자의 한자를 찾아 색깔을 칠해 주세요.

一	二	三	四	五	六	七	八	九	十
한 일	두 이	석 삼	넉 사	다섯 오	여섯 육	일곱 칠	여덟 팔	아홉 구	열 십

밥이 글자가 되는 모습
영상으로 다시 보기

그릇 속에서

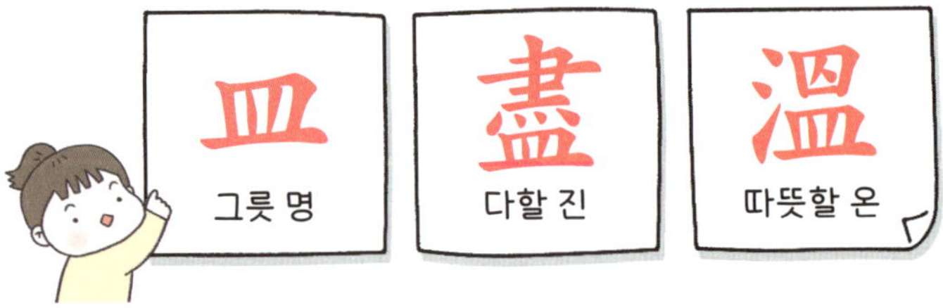

나름이와 그림이가 밥과 고기를 다 먹을 즈음, 붉은 머리의 아이가 방으로 들어왔다.

"다 먹었어?"

조금 퉁명스러운 말투였다.

"다 먹었으면 설거지해야지. 나를 따라와."

나름이와 그림이는 어리둥절해하며 일어섰다.

붉은 머리의 아이는 둘을 마당으로 데려갔다. 그곳에는 물을 담은 커다란 그릇이 놓여 있었다.

"한자의 그릇이네."

그림이가 큰 그릇을 보고 말했다.

"그래, **그릇 명 皿**이지. 너희가 씻을 그릇들도 모두 **그릇 명 皿**이야."

붉은 머리 아이는 나름이와 그림이에게 솔을 쥐여 주었다.

"이걸로 깨끗이 닦아. **다할 진 盡** 자가 떠오를 때까지."

"**다할 진 盡**?"

나름이는 고개를 갸웃거렸지만, 우선 열심히 그릇을 닦기 시작했다.

음식 찌꺼기가 묻은 그릇을 솔로 문지르고, 닦아낸 뒤 맑은 물로 헹구었다. 하지만 아무리 깨끗이 닦아도 그 글자는 좀처럼 떠오르지 않았다.

"그림아, **다할 진 盡** 자는 언제 떠오르는 거야?"

"글쎄… 식사를 마친 뒤, 그릇을 깨끗이 닦는 모습이 **다할 진 盡**이긴 한데…."

"설거지하는 모습이 어떻게 그 글자가 돼?"

"밥을 먹고 마무리까지 다 한다는 의미에서 나온 글자거든."

"아… 그렇구나!"

나름이는 그제야 이해가 되었다.

그는 다시 힘을 내어 마지막 그릇까지 닦았다.

그러자 그릇과 솔을 잡은 손 위로 천천히 **다할 진 盡** 자가 떠올랐다.

"됐다!"

나름이는 솔을 내려놓으며 뿌듯한 표정을 지었다.

잠시 자리를 비웠던 붉은 머리의 아이가 다시 나타났다.

"너희 되게 꾀죄죄하네. 이 큰 그릇에서 몸도 깨끗이 닦아야겠다."

"뭐? 이 그릇에서 목욕하라고?"

나름이가 당황해 물었다.

"너희는 작으니까 충분할 거야."

붉은 머리의 아이는 **그릇 명 皿**에 새 물을 받고, 뜨거운 물을 퍼왔다.

"자, 이제 한 사람씩 들어가. 따뜻한 물을 부어 줄게."

나름이는 머뭇거리다가 먼저 커다란 **그릇 명 皿** 안으로 들어갔다.

붉은 머리 아이가 뜨거운 물을 천천히 부었다.

모락모락 김이 피어오르고, 그릇 안에서 물방울이 튀어 오르자, 따뜻한 기운이 온몸을 감쌌다. 그 모습에서 어떤 글자가 떠올랐다.

"그림아, 여기도 글자가 떠오르고 있어!"

"대야 안에서 따뜻한 물로 목욕하고, 김이 피어나고, 물이 튀는

따뜻한 목욕의 한자
영상으로 다시 보기

모습… 바로 **따뜻할 온 溫**이야.”

나름이는 그림 위로 떠 오른 **따뜻할 온 溫**을 보며 물속에서 기분 좋은 듯 중얼거렸다.

“글자만큼 따뜻하다!”

그때 붉은 머리의 아이가 불쑥 끼어들었다.

“다 했으면 이제 이리 와.”

아이의 말에 나름이와 그림이는 몸을 털고 나와 아이를 따라 또 다른 방으로 향했다.

털옷의 주인은 누굴까?

“이곳에서 옷을 갈아입도록 해.”

붉은 머리의 아이는 짧게 말하고는 밖으로 나갔다.

문이 닫히고 방 안은 조용해졌다.

나름이와 그림이는 방 안쪽을 둘러보았다. 그곳에는 도톰한 털옷들이 가득 걸려 있었다.

그림이가 옷을 들어 올려 볼에 가져다 댔다.

“털이 보송보송하네. 포근하고 따뜻한 느낌이야.”

그러자 털의 모양이 또렷한 글자로 떠올랐다.

“털 모 毛 글자가 보인다!”

나름이도 옷 하나를 집어 올렸다. 옷을 펼쳐 보니, 안쪽에 털이 덧대어져 있었다.

"이건 안쪽에 털이 있네. 막상 들어 보니까 가볍고 부드러워."

나름이는 손끝으로 털을 쓸어내리며 말했다.

"이런 옷이라면 추운 날씨에도 끄떡없겠는데?"

그때 나름이의 손 위로 한 글자가 서서히 떠올랐다.

"저것 봐! 옷 안쪽에 털이 있는 모습… 겉 표 表 자야!"

그림이가 떠오른 글자를 가리키며 말했다.

나름이는 신기한 듯 옷을 자세히 살펴보았다.

"겉 표 表 자라… 어떻게 그런 뜻이 된 거지?"

그림이는 나름이를 바라보며 살짝 미소를 지었다.

"나름아, 한자의 장터에서 봤던 옷 의 衣 자 기억나?"

"응! 옷 모양을 본뜬 글자였지!"

"맞아. 옷 의 衣 자 안쪽에 털 모 毛가 들어가면서 겉 표 表 자가 생긴 거야. 겉에 걸칠 수 있는 털이 있는 옷인 거지."

"그렇구나! 이 털옷의 글자를 겉에 걸치면 바깥에 나가도 춥지 않겠어."

"그래. 그래서 겉이란 뜻과 바깥이란 뜻도 가지고 있어."

그림이가 빙긋이 웃으며 말했다.

나름이는 걸 표 表의 글자를 걸쳐 보았다.

"그림아, 이 옷들… 우리한테 너무 큰 것 같지 않아?"

나름이가 조심스럽게 물었다.

그림이도 고개를 끄덕였다.

"그러게. 우리보다 훨씬 키가 큰 사람이 입던 옷 같은데?"

털옷들은 어깨너비도 넓었고, 길이도 길었다. 나름이는 옷걸이에 걸려 있는 한 벌을 가만히 바라보았다.

털이 부드러우면서도 반짝였고, 바느질도 정성스러웠다.

이건 단순한 털옷이 아니었다.

혹시… 이 옷은 이 마을을 다스리는 사람이 입는 특별한 옷은 아닐까? 나름이는 문득 붉은 머리 여인을 떠올렸다. 그러나 이 옷들은 여인의 옷 같아 보이지는 않았다.

그때 그림이가 말없이 문 쪽을 가리켰다.

"나가 볼래?"

나름이는 한동안 털옷을 바라보다가 천천히 고개를 끄덕였다.

"응. 바깥 구경을 하고 싶어졌어."

그들은 걸 표 表 글자를 뒤로하고 밖으로 나갔다.

毛
털 모
表
겉 표
털이
보송보송해

衣
옷 의
털이 있어서
겉에 입기 딱이네

한자 따라 쓰기 9

나름이가 만난 여덟 개의 한자를 소리 내어 읽으면서 예쁘게 써 보세요.

 밥 식	食	食	食	
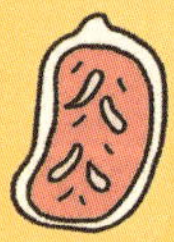 고기 육	肉	肉	肉	
 그릇 명	皿	皿	皿	
 다할 진	盡	盡	盡	

따뜻할 온	溫	溫	溫	
털 모	毛	毛	毛	
옷 의	衣	衣	衣	
겉 표	表	表	表	

孕
保
好

9

"함께 즐기고 담으며"

아이를 품고, 미소를 머금고

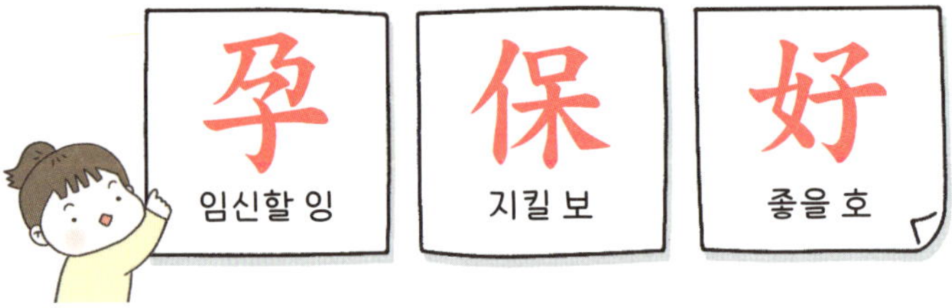

나름이와 그림이는 따뜻한 햇살을 받으며 마을을 둘러보고 있었다. 골목마다 사람들의 웃음소리가 퍼지고 있었다. 길을 걷던 중, 나름이와 그림이는 한 여인을 보았다.

여인은 불룩한 배를 조심스럽게 감싸고 있었다. 그녀의 손길은 아주 부드럽고 조심스러웠다. 그 순간, 여인의 모습에서 **임신할 잉 孕** 자가 떠올랐다.

"저건 무슨 글자야?"

나름이가 궁금한 듯 물었다.

그림이가 조용히 웃으며 말했다.

"임신할 잉 孕. 아직 작은 아기가 엄마 뱃속에서 자라고 있는 모양에서 만들어진 글자야."

"한자 나라에서 제일 작고 어린아이겠는데?"

임신할 잉 孕 속의 작은 아이 자 子를 생각하며 나름이는 빙긋이 웃었다.

조금 더 걸어가자, 어린아이를 등에 업은 어른이 보였다. 아이는 어른의 등에 폭 업혀 작은 숨소리를 내며 조용히 잠들어 있었다. 어른들의 등에 업혀 있는 아이는 무척 편안한 얼굴을 하고 있었다.

"저것 봐. 아이를 업은 모습에서 나온 지킬 보 保 자야."

"아직 너무 어리니까 등에 업고 보호해 준다는 뜻일까?"

나름이는 자신의 말이 제법 그럴듯하다고 생각하며 뿌듯해했다.

그때, 저 멀리 붉은 머리의 여인이 서 있었다. 그녀는 작은 아이를 지켜보고 있었다. 아이가 해맑게 손을 흔들자, 그녀의 입가에 순간 따뜻한 미소가 스쳤다.

그 순간, 여인과 아이의 모습에서 좋을 호 好 자가 떠올랐다.

나름이는 눈을 크게 떴다. 강해 보이기만 했던 붉은 머리 여인도 저런 표정을 짓는구나. 하지만 그 미소는 금세 사라졌고, 다시 깊은 생각에 가득 찬 얼굴로 돌아갔다.

임신할 잉
孕
지킬 보
保
좋을 호
好
女

화살보다 빠른 것

마당 쪽에서 아이들이 시끄럽게 떠드는 소리가 들렸다. 아이들은 화살을 던져 통에 넣는 투호 놀이를 하고 있었다. 나름이는 처음 보는 친구들이었지만 함께 어울려 놀고 싶었다.

"나도 끼워 주라!"

"화살이 없으면 안 돼."

아이들은 쉽게 끼워 주려 하지 않았다. 나름이는 어디서 화살을 구할지 고민하다가, 마음 모양 보석돌에 나뭇가지를 끼워 넣어 보았다.

"이 정도면 멋진 화살이지?"

나름이가 마음이 달린 화살을 번쩍 들자, 화살 모양에서 **화살 시 矢** 글자가 떠올랐다.

"그럼 이리 와서 한번 던져 봐!"

한 아이가 손짓했다. 나름이는 신이 나서 뛰어갔다. 동그란 통까지의 거리는 생각보다 가까워 보였다.

"이 정도 짧은 거리쯤이야!"

나름이는 화살을 쥐고 통을 향해 힘껏 던졌다. 짧은 거리였기 때문에 자신 있었다. 그 순간, 화살과 통 사이의 짧은 거리를 뜻하는 **짧을 단 短** 글자가 떠올랐다.

• • •

"어? 생각보다 어려운걸?"

짧은 거리였지만 작은 통 안에 넣는 것은 쉽지 않았다. 몇 번의 실패 끝에 나름이는 화살이 잘 들어가는 방법을 터득했다.

"이제 어떻게 하면 들어가는지 알겠어!"

나름이가 던진 화살이 정확히 통 안으로 쏙 들어갔다.

"저것 봐! 내 말이 맞지? 이제 투호 놀이 하는 법을 정말 잘 알게 됐다고!"

나름이는 으쓱해져서 다음번 순서인 그림이에게 조잘조잘 화살 던지는 법을 말해 주었다. 잘 안다고 어찌나 빨리 말했는지 화살이 나가는 속도보다 빠른 것 같았다.

그 순간, 나름이의 입 모양과 화살의 움직임이 어우러져 새로운 글자가 떠올랐다.

"어? 이건 무슨 글자지?"

나름이가 어리둥절해하자, 옆에 있던 아이가 대답했다.

"네가 이제 방법을 안다면서 빠른 화살처럼 술술 말했잖아. 그래서 **입 구 口**와 **화살 시 矢**가 만나서 안다는 뜻의 글자, **알 지 知** 자가 떠오른 거야!"

"화살 모양과 입 모양이 만나서 '안다'라는 뜻이 된다고? 재미있네!"

그때, 화살을 줍던 다른 아이가 소리쳤다.

"여기 쓰인 **마음 심 心** 자, 분명 으뜸의 글씨야! 너 이거 어디서 난 거야?"

나름이는 깜짝 놀라며 대답했다.

"그… 으뜸이라는 분은 모르겠지만, 붉은 수염에 힘이 세고 키가 큰 아저씨는 알고 있어."

"으뜸이 틀림없어! 너 어디서 그분을 만난 거야?"

“심흑 인간의 계곡에서.”

“뭐라고?”

아이들은 깜짝 놀라며 서로를 바라보았다.

“으뜸과 관련된 일이라면 빨리 알려야 해!”

처음에 본 붉은 머리의 아이가 다가와 나름이와 그림이를 데리고 어디론가 향했다.

한자와 함께 놀아 보자

한자를 찾아 색깔을 칠하고 알맞은 글 상자 안에 적어 주세요.

임신할 잉	지킬 보	좋을 호	짧을 단	알 지

한자 따라 쓰기 10

나름이가 만난 여섯 개의 한자를 소리 내어 읽으면서 예쁘게 써 보세요.

임신할 잉 — 孕

지킬 보 — 保

좋을 호 — 好

화살 시 — 矢

알 지 — 知

짧을 단 — 短

기억을 담는 물건들

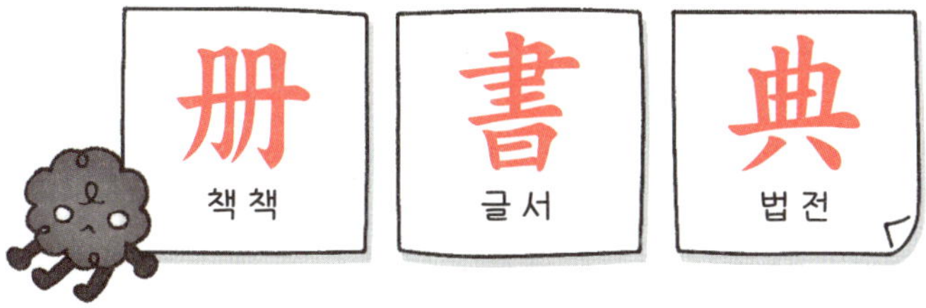

붉은 머리 아이가 커다란 문 앞에 서서 말했다.

"여긴 중요한 책들이 있는 곳이야. 조심해야 해!"

"이게… 책이라고?"

나름이는 눈을 동그랗게 떴다.

방 안에는 나름이가 생각했던 종이책이 아니라 두 줄로 엮여 있는 길쭉한 나뭇조각들이 놓여 있었다.

나뭇조각이 줄줄이 연결된 것이 책이라니.

"재미있게 생겼는데? 이게 책이라고?"

나름이는 조심스레 나무 조각을 손가락으로 툭 쳤다.

그 순간, 작은 빛과 함께 한자가 떠올랐다.

책 책 冊.

“글자가 튀어나왔어!”

나름이는 웃으며 소리쳤다.

이 재미있는 모양의 책들이 산더미처럼 쌓여 있는 방을 지나가다 보니, 나름이는 마치 책으로 이루어진 미로 속에 들어온 듯한 기분이 들었다.

“우와… 정말 많다!”

책들 사이를 헤치고 들어가자, 한쪽에 분홍빛 머리의 할머니가 앉아 있었다. 할머니는 붓을 쥐고 벼루에 먹물을 찍으며 조용히 글을 쓰고 있었다.

'어떤 글자를 쓰시려는 걸까?'

궁금해진 나름이는 조심스레 다가갔다. 그때 손으로 붓을 잡은 모습과 벼루의 모습이 한데 어우러지더니 글자가 나타났다.

글 서 書라는 글자였다.

"우와! 글자가 나왔어요!"

나름이가 소리치자, 할머니는 그제야 나름이를 힐끗 바라보았다.

"처음 보는 아이로구나."

목소리는 부드러웠지만 할머니의 눈빛은 날카로워 보였다.

할머니는 붓을 내려놓고, 방금 쓴 나뭇조각들을 조심스럽게 엮어 한데 묶었다.

그리고 정성스럽게 손에 들고는 어디론가 향했다.

나름이는 궁금해졌다.

"할머니, 그 엮은 나무 조각들은 어디에 쓰는 건가요?"

할머니는 걸음을 멈추고 살짝 미소 지었다.

"이건 이곳의 법을 담은 중요한 책이란다."

그 순간, 법을 담은 책과 그것을 정성스럽게 잡는 할머니의 두 손에서 글자가 떠올랐다.

법 전 典.

"저건 법 전 典이라는 글자야!"

그림이가 속삭였다.

나름이는 눈을 반짝이며 할머니가 든 책을 바라보았다.

이 마을의 책들은 단순한 나무 조각이 아니었다.

그 안에는 정성을 담은 이야기와 글, 그리고 법이 새겨져 있었다.

그때였다. 뒤따라온 아이들이 헉헉거리며 뛰어오더니, 할머니 앞에서 공손히 인사하며 말했다.

"할머니! 이 친구가 으뜸이 글자를 새긴 쇠붙이를 가지고 있어요!"

“그걸 심흑의 계곡에서 얻었다고 해요!”

아이들은 숨을 몰아쉬며 흥분된 얼굴로 말했다.

하지만 할머니는 조용히 고개를 끄덕이며, 차분한 표정으로 이야기를 들었다.

그러고는 나름이와 그림이에게 천천히 물었다.

“그래… 으뜸이 심흑의 계곡에 있단 말이지?”

나름이는 고개를 끄덕였다.

“혹시 으뜸의 모습이… 검게 변했더냐?”

할머니의 목소리가 살짝 낮아졌다.

순간, 방 안의 공기가 조용해졌다. 나름이는 잠시 생각하다가 고개를 저었다.

“아니요. 붉은 머리에, 붉은 수염을 하고 계셨어요.”

그 말을 듣자, 할머니의 얼굴은 안심한 듯 미소가 번졌다.

“그럼 되었구나.”

할머니는 곁에 있던 아이들에게 부드러운 목소리로 말했다.

“어서 가서 어른들께 전하거라. 으뜸은 무사하다고.”

아이들은 “네!” 하고 힘차게 대답하더니, 쏜살같이 뛰어나갔다.

그때, 할머니의 가늘게 뜬 두 눈이 나름이의 마음 깊은 곳까지 꿰뚫어 보는 것 같았다.

"너, 글자를 알아보는 눈이 있구나."

나름이는 깜짝 놀랐다.

"하지만 씨앗 한자는… 잘 보이지 않는구나."

나름이는 심장이 쿵 내려앉는 느낌이 들었다.

한자 나라를 여행하며 찾고 있는 씨앗 한자.

할머니는 뭔가 알고 계신 걸까? 할머니는 여전히 미소를 머금은 채 말했다.

"어쩌면 아직… 때가 아닌지도 모르지."

할머니는 다시 붓을 들어 조용히 글자를 쓰기 시작했다.

나름이는 가만히 할머니를 바라보았다.

한자와 함께 놀아 보자

책 사이의 미로에서 할머니 곁으로 가는 길을 찾아보세요.

한자 따라 쓰기 11

나름이가 만난 세 개의 한자를 소리 내어 읽으면서 예쁘게 써 보세요.

 책 책	冊	冊	冊	
 글 서	書	書	書	
 법 전	典	典	典	

10

새벽을 담은 새로운 여행

싹을 틔우는 씨앗 한자

나름이는 궁금한 것이 많았지만 먼저 조심스럽게 으뜸에 대해서 물었다.

"붉은 수염의 아저씨가 그렇게 대단한 분인가요?"

할머니는 잠시 생각하더니 고개를 끄덕였다.

"그래, 너는 이곳 사람이 아니니 잘 모를 수도 있겠구나."

할머니는 벽을 가리키며 말했다.

"우리 마을 사람들은 사냥을 나가서 짐승을 잡아 온단다. 초원에 사는 우리에게 아주 중요한 일이지."

"그럼, 제가 본 털옷들도 그렇게 얻어진 거군요!"

나름이는 방 안에 걸린 털옷들을 떠올렸다.

"그렇단다. 으뜸은 우리 가운데 가장 실력이 좋았지. 저기 걸린 글자를 보렴."

나름이는 할머니가 가리킨 벽을 바라보았다. 불그스름한 색깔의 글자가 힘차게 쓰여 있었다.

"저 글자는 네가 말하는 붉은 수염 아저씨의 씨앗 한자란다. 가장 뛰어나다는 뜻의 **으뜸 원 元**이라는 글자야."

씨앗 한자라는 말에 나름이는 글자를 꼼꼼히 살펴보았다.

그때 글자가 흔들흔들 움직이더니 점점 붉은 수염의 아저씨 모습으로 변하기 시작했다. 긴 다리, 커다란 몸, 그리고 머리 위에는 작은 점이 보였다.

"와! 글자가 흔들흔들 움직여요!"

나름이는 신기해서 눈을 깜빡였다.

"그래."

할머니가 빙그레 웃었다.

"글자 위에 있는 작은 점이 뛰어남을 표현한 것이란다."

할머니는 차분한 목소리로 이야기를 이어갔다.

"예전에 우리 마을에 사나운 짐승이 나타난 적이 있었지. 많은 사람이 다치고, 집도 무너져서 마을은 순식간에 아수라장이 되었단다."

나름이는 귀를 쫑긋 세웠다.

"그때, 용감하게 나서서 목숨을 걸고 짐승들을 물리친 사람이 바로 으뜸 원 元이었지."

나름이의 눈이 반짝였다.

"우와!"

"짐승들을 물리친 으뜸 원 元은 마을 사람들을 모아 말했지. '이제 더 튼튼한 집을 지어야 한다!'라고."

그 순간, 그림들이 다시 흔들리더니 커다란 돌을 나르는 아저씨의 모습이 나타나 열심히 돌을 쌓아 집을 지었다. 지붕이 세워지자, 으뜸 원 元은 지붕 모양 밑에서 다른 글자가 되었다.

나름이는 깜짝 놀라며 소리쳤다.

"집 모양과 함께 새로운 글자가 생겼어요!"

할머니는 빙그레 미소 지었다.

"그래. 이 글자는 완전할 완 完이란다. 으뜸 원 元이 만든 튼튼한 집처럼 모든 것이 완벽하고 완전하다는 뜻이지."

나름이는 고개를 갸웃했다.

"으뜸 원 元에서 다른 글자가 된 것이군요!"

"그렇단다. 완전할 완 完은 그렇게 자기만의 역할을 찾았지."

"와, 신기해요! 한자가 이렇게 달라질 수도 있군요!"

할머니는 조용히 말을 이었다.

"마을 사람들은 으뜸 원 元을 이 마을을 이끄는 사람으로 세우기로 했단다. 그리고 그를 존경하는 마음을 담아 모자를 씌워 주었단다."

"모자요?"

"그래, 저쪽에 걸린 가죽 그림을 펼쳐 보렴."

정성스럽게 말린 가죽 위에 그려진 그림 속에는 사람들이 공손하

게 으뜸 원 元의 머리에 모자를 씌우는 모습이 그려져 있었다.

"이건… 갓 관 冠!"

그림이가 소리쳤다.

할머니는 고개를 끄덕였다.

"맞아. 이번엔 으뜸 원 元에 관 모양과 모자를 씌워 주는 모습이 함께해 갓 관 冠이 되었단다."

나름이는 곰곰이 생각하더니 말했다.

"한자가 이렇게 이어져 있는 줄 몰랐어요. 조금씩 복잡해지는 것이 꼭 글자들이 점점 자라나는 것 같아요!"

"그래. 씨앗이 자라 나무가 되듯이, 한자에도 생각이 담기면서 점점 다양한 뜻을 가진 한자가 되는 거란다."

한 조각만큼 담는 마음

이제야 씨앗 한자가 무엇인지 조금은 알 것 같았다.

나름이는 심흑의 계곡에서 만난 한자들을 떠올렸다. 그들의 마음은 텅 빈 동굴처럼 아무것도 없었다.

마치 **빌 공 空**의 한자처럼.

하지만 그들이 빼앗긴 마음을 되찾자, 원래의 씨앗 한자도 돌아왔다.

그렇다면… 나도?

나름이는 주머니 속에서 붉은 수염 아저씨가 준 마음 보석돌을 꼭 쥐었다.

“마음이 이끄는 곳으로 가면 저도 씨앗 한자를 찾을 수 있을까요?”

할머니는 천천히 고개를 끄덕였다.

“네가 마음이 이끄는 곳을 따라간다면, 언젠가 네 씨앗 한자가 깨어날 거다.”

나름이는 깊이 숨을 들이쉬었다.

한참을 고개 숙이고 있는 나름이를 할머니는 조용히 바라보며 기다려 주었다.

“할머니, 심흑 인간이 마음을 잃은 것처럼 저도 제 마음을 잘 모르겠어요.”

“마음은 보이지 않으니 그렇게 생각할 수도 있겠구나. 마음은 느낌을 통해서 자라고 모습을 갖춰 가지. 처음엔 알기 쉽고 단순했던 마음이 세상을 만날수록 복잡해져 엉킨 실처럼 헝클어질 때도 있기 마련이란다.”

할머니는 빙그레 웃으며 나무 조각 하나를 나름이에게 건넸다.

“마음의 길을 걷는 동안, 네가 느낀 것들을 이 조각만큼만 담아 보거라.”

나름이는 작은 나무 조각을 내려다보았다.

손바닥만 한 작은 나무 조각, 그러나 마음을 담기엔 어쩐지 충분해 보였다.

할머니가 조용히 웃으며 말했다.

"너무 많이 담으려 하지 말거라. 그러면 마음이 또 무거워질 테니까."

나름이는 조용히 고개를 끄덕이며 나무 조각을 꼭 쥐었다.

스스로 길을 떠난 아이

날이 어둑어둑해지자, 그림이와 나름이는 붉은 머리 여인의 안내를 받아 잠자리로 향했다. 방에 들어서자, 벽 한쪽에 놓인 작은 돌판이 눈에 띄었다. 그 위에는 글자 하나가 글자가 새겨져 있었다.

"어? 이거…. 설 립 효 아닌가요?"

나름이는 어디선가 본 듯한 글자를 발견하고 반가운 마음에 소리쳤다.

붉은 머리 여인은 눈을 반짝이며 다가왔다.

"이 아이를 본 적이 있니?"

"네! 우두커니 서 있는 모습을 본 적이 있어요!"

“정말이니? 어디서 보았는지 자세히 말해 주겠니?“

나름이는 머리를 긁적이며 기억을 더듬었다.

“푸른 나무 마을에서 나와서… 산에서 내려와 밭을 지나가다가… 불이 난 곳이 있었는데, 그 옆에 서 있었어요.”

“불이라고?”

붉은 머리 여인의 얼굴이 굳어졌다.

“네, 슬퍼 보였지만 다치진 않았어요. 울고 있길래 우리가 물 수 水를 달아주려 하니까 자기 씨앗 한자는 울 읍 泣이 아니라고 했어요.”

여인의 순간 착잡한 표정으로 한숨을 쉬더니 고개를 끄덕였다.

“그래…. 우리 아이는 멀뚱히 서 있기만 하는 설 립 立이라는 씨앗 한자가 싫다며, 자기의 진정한 씨앗 한자를 찾겠다는 쪽지를 남기고 사라져 버렸단다.”

“네? 그러면… 그 친구가 아주머니 아이였어요?”

나름이는 깜짝 놀랐다.

그제야 떠올랐다.

심흑의 계곡에서 만난 붉은 수염의 아저씨가 ‘찾아야 할 아이가 있다’라고 했었지!

“혹시 붉은 수염… 아니, 으뜸이 찾는 아이도 그 친구인가요?”

붉은 머리의 여인은 한동안 아무 말 없이 창밖을 바라보았다.

"그렇단다…."

그녀는 희미하게 웃으며 덧붙였다.

"엄마, 아빠가 애타게 찾고 있다는 걸 알고나 있는지…."

나름이는 그 말을 듣고 잠시 멍해졌다.

'집을 나간 한자 아이, 헤매고 있는 아이.'

그 모습이 왠지 모르게 자신과 닮아 있었다.

문득, 한자 공부를 하라고 잔소리하시던 엄마가 떠올랐다. 그때는 귀찮기만 했는데, 지금 엄마도 내가 사라졌다고 애타게 찾고 계시겠지?

엄마 생각을 하니 왠지 코끝이 찡해졌다.

'엄마.'

그리고 곧 자기도 모르게 하품이 나와 눈을 비볐다. 나름이는 어느새 스르르 잠이 들었다.

해가 떠오르는 쪽으로

이른 아침, 나름이는 창밖의 환한 햇살을 받으며 눈을 떴다. 오랜만에 푹신한 침대에서 자고 나서 그런지 몸이 아주 가뿐했다. 나름이는 아침 풍경을 보기 위해 밖으로 나갔다.

"나름아, 뭐 해?"

언덕 위에서 두리번거리는 나름이를 보고 그림이가 물었다.

"아침의 글자를 찾고 있어. 오늘은 **아침 조 朝**가 안 보이네."

나름이는 하늘을 올려다보다가 나뭇가지 사이로 떠오르는 아침 해를 발견했다. 그때, 그림이가 손가락으로 나무 사이로 떠오르는 아침 해를 가리키며 말했다.

"저기 봐! 대신 **동녘 동 東** 자가 보이잖아!"

나름이는 나무 뒤로 둥글게 떠오르는 해를 바라보았다. 그러자 가슴이 두근거렸다.

'해가 동쪽에서 떠오르고 하루가 시작되듯, 나도 동쪽으로 가면 새로운 일이 펼쳐지지 않을까?'

"나, 동쪽으로 갈래!"

"동쪽?"

그림이가 되묻자, 나름이는 힘차게 고개를 끄덕였다.

"해가 떠오르는 곳으로 가 볼래! 그곳이라면 내 씨앗 한자를 찾을 수 있을 것 같아!"

나름이는 더 이상 망설이지 않았다.

• • •

나름이와 그림이는 길을 떠나기 위해 마을 어귀로 나왔다. 그곳에는 붉은 머리의 여인과 아이들이 나와 있었다.

"떠나기 전에 우리가 마중 나왔어."

여인과 아이들은 미소를 지으며 말 곁에 서서 나름이와 친구들을 바라보았다.

나름이와 그림이는 붉은 말을 타려고 했지만, 말이 너무 커서 쉽게 오르기가 힘들었다. 나름이가 버둥거리자, 붉은 머리의 아이가 재빨리 발 받침대를 가져다주었다. 손으로 발 받침대를 가져다주어 말에 오를 수 있게 해 주는 모습에서 글자가 튀어나왔다. 오를 등 登이란 글자였다.

"이렇게 오를 등 登 한자를 받으니까, 왠지 귀한 사람이 된 기분인데?"

그림이의 말에 나름이는 신이 나서 말 위에 올라탔다.

그때, 붉은 머리의 여인이 다가와 물었다.

"동쪽으로 간다고 했지? 혹시… 흰 까마귀의 섬으로 가려는 거니?"

"까마귀가 흰색이라고요? 그곳은 어떤 곳이에요?"

나름이는 호기심 어린 눈으로 여인을 바라보았다.

여인이 대답하려는 순간, 티끌이가 말꼬리를 덥석 잡았다.

"티끌아, 안 돼!"

하지만 이미 늦었다. 깜짝 놀란 말이 앞발을 들며 힘차게 달리기 시작했다!

"깍!"

"으악! 꽉 잡아!"

나름이와 그림이는 허둥지둥 고삐를 붙잡았다. 붉은 머리의 여인과 빨간 머리의 아이는 멀어져 가는 두 사람을 바라보았다. 여인은 환한 미소를 지으며 손을 흔들었다.

"나름아! 마음을 잃지 마!"

어느덧 햇살이 하늘 가득 퍼져 있었다. 하늘 위에 떠 있는 구름이 오늘따라 동쪽을 가리키고 있는 것 같았다.

나름이와 친구들은 점점 작아지는 마을을 뒤로한 채, 새로운 모험을 향해 힘차게 나아갔다.

한자와 함께 놀아 보자

한자를 찾아 색깔을 칠하고 알맞은 글 상자 안에 적어 주세요.

오를 등	으뜸 원	갓 관	완전할 완	동녘 동

한자 따라 쓰기 12

나름이가 만난 여섯 개의 한자를 소리 내어 읽으면서 예쁘게 써 보세요.

으뜸 원

元 元 元

완전할 완

完 完 完

갓 관

冠 冠 冠

설 립

立 立 立

동녘 동

東 東 東

오를 등

登 登 登

한자 연상 보드게임

화살표를 따라가면서 그림을 보고 한자를 떠올려 보세요.
몇 개까지 떠올릴 수 있을까요?

보드게임 정답지

시 작
步
걸음 보
走
달릴 주
奔
달릴 분
空
빌 공
冥
어두울 명
光
빛 광
盡
다할 진
溫
따뜻할 온
肉
고기 육
食
밥 식
門
문 문
戶
집 호
牧
칠 목
泉
샘 천
馬
말 마
弱
약할 약
弓
활 궁
短
짧을 단
知
알 지
矢
화살 시
冊
책 책
書
글 서
典
법 전
元
으뜸 원
完
완전할 완
冠
갓 관
적마촌

冬
겨울 동
冰
얼음 빙
寒
찰 한
寢
잠잘 침
宿
묵을 숙
朝
아침 조
齒
이 치
毛
털 모
衣
옷 의
深
깊을 심
表
겉 표
東
동녘 동
嚴
엄할 엄
段
조각 단
孕
임신할 잉
厚
두터울 후
好
좋을 호
保
지킬 보
金
쇠 금
欲
하고자 할 욕
話
말씀 화
分
나눌 분
심흑의 계곡

한자 색인표

그림과 영상으로 떠나는
나름이의 모험 가득 한자 여행 2

초판 1쇄 발행 2026년 1월 5일

지은이 이근애

펴낸이 이지은 **펴낸곳** 팜파스
진행 이진아 **편집** 정은아
디자인 조성미
마케팅 김서희, 김민경

출판등록 2002년 12월 30일 제 10-2536호
주소 서울특별시 마포구 어울마당로5길 18 팜파스빌딩 2층
대표전화 02-335-3681 **팩스** 02-335-3743
홈페이지 www.pampasbook.com | blog.naver.com/pampasbook
이메일 pampasbook@naver.com

값 15,000원
ISBN 979-11-7026-737-9 (74700)
979-11-7026-660-0 (세트)